잃어버린 시간의 연대기

잃어버린 시간의 연대기

PANDEMIC! 2: CHRONICLES OF A TIME LOST

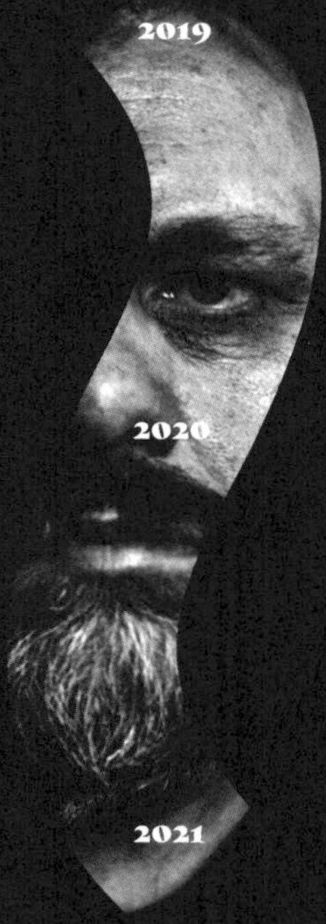

슬라보예 지젝 지음 | 강우성 옮김

북하우스

팬데믹을 철학적으로 사유해야 하는 이유

나날의 삶이 너무나 비참한 나머지

코로나바이러스를 그나마 사소한 위협으로 여겨

모른 체하는 모든 사람들을 위하여

일러두기

1. 이 책은 Slavoj Žižek, *Pandemic! 2: Chronicles of a Time Lost*(New York: OR Books, 2020)를 저본으로 삼았다.
2. 본문 중 대괄호([ ])는 옮긴이가 부연한 것이다.
3. 각주는 대부분 원주로, 옮긴이 주일 경우 문장 앞에 [역주]로 표기했다.
4. 단행본 제목은 겹낫표(『 』), 단편소설·기사 제목은 홑낫표(「 」), 신문·잡지·영화·드라마 등의 제목은 홑화살(〈 〉), 노래·시 등의 제목은 쌍따옴표(" ")로 표기했다.
5. 외국 인명 표기 시에는 가급적 국립국어원 외래어 표기법을 따르되, 일반적으로 널리 통용되는 경우에는 관례를 따랐다. (예: 슬라보이 지제크 → 슬라보예 지젝)

차례

서문

팬데믹의 삶을 노래하자

언론에서 쏟아내고 있는 지혜 중 하나는 우리가 코로나바이러스 팬데믹으로 인해 삶의 우연성, 우리의 필멸성과 생물학적 한계에 관해 배우게 되었다는 말이다. 자연을 지배하려는 꿈을 버리고 자연에 속한 우리의 위치를 겸손하게 받아들여야 한다는 것이다.

몇몇 생물학자들이 생명체로 보기조차 힘들다고 여기는 원초적 자기 재생산 메커니즘인 바이러스에 우리가 굴욕을 당하고 무기력에 가까운 상태에 처했다는 교훈보다 더 정신을 번쩍 들게 만드는 가르침이 있을까? 새로운 겸손의 윤리와 전 지구적 연대를 촉구하는 외침이 넘쳐나는 일은 전혀 놀랍지 않다.

하지만 이것이 팬데믹의 진정한 교훈일까? 팬데믹의 그늘에 놓인 우리 삶의 문제가 이와는 정반대라면 어떻게 될까? 죽음이 아니라 삶, 즉 평화롭게 살지도, 손쉽게 죽지도 못한 채 지루하게 이어지는 이상한 삶이 문제라면? 그러한 곤경에 처해 있다면 우리는 삶에 대해 어떤 태도를 취해야 할까?

어쩌면 독일의 헤비메탈 밴드 람슈타인Rammstein의 노래 "달라이 라마Dalai Lama"가 적절한 답을 줄 수 있다. 이 노래는 괴테의 시 "마왕Der Erlkönig"을 넌지시 떠올리게 하는데, 이 시에는 아버지와 아들이 말을 타고 달릴 때 바람이 불어 아들을 최면에 빠지게 만들고 마침내 죽음에 이르게 하는 얘기가 담겨 있다. 노래 속에서 아들은 아버지와 비행기에 타고 있다. 시에서와 마찬가지로 신비한 정령은 아들을 자신에게 오라고 '초대'하는 식으로 두 여행자를 위협한다. (물론 오직 아들만이 그 정령의 초대하는 말을 들을 수 있다.) 괴테의 시에서는 놀란 아버지가 아이를 품에 안고 도움을 청하기 위해 달리지만 아들이 이미 죽었음을 알게 된다. 반면 람슈타인의 노래에서 너무 꼭 껴안는 바람에 아이를 질식시켜 죽게 만드는 인물은 바로 아버지다.

이 모든 이야기가 달라이 라마와 무슨 상관이 있을까? 노래 제목에는 단지 현現 달라이 라마의 비행 공포를 조롱하려는 게 아니라 불교의 핵심 가르침과 더 밀접하게 연계된 의도가 담겨 있다. 비행을 꺼리는 달라이 라마의 두려움은 람슈타인의 노래에 나오는 천상의 마왕의 말과 묘하게 겹친다. "사람은 허공에 속하지 않아 / 그래서 천상의 마왕이 바람을 통해 / 아들을 부르고," 아이를 죽게 만들 강력한 난기류를 일으킨다. 그런데 어떻게 그렇게 할까? 비행기를 추락시키는 데 그치는 것이 아니라 아이의 영혼을 직접 사로잡는다. "구름 속에서 합창이 내려와 / 작은 귀에 파고든다. / 이리 와, 여기에 있어 / 네게 잘 해줄게 / 우리는 너의 형제야." 악마의 목소리는 잔인한 외침이 아니라 부드럽고 다정한 속삭임이다.

이 목소리의 애매함이 관건이다. 외부의 거친 위협이 오직 아이에게만 들리는 유혹하는 목소리의 코러스와 겹친다. 아이는 이 목소리에 굴복하고 싶은 유혹과 싸우지만, 아버지는 그를 보호하기 위해 너무나 꼭 껴안는 바람에 아이의 숨이 가빠지는 것을 알아채지 못하고 "아이의 영혼을 밀어낸다." (노래의 애매한 종결부를 주목하자. 가사는 비행기가 실제로 추락했다고 하지 않고 단지 강력한 난기류가 있었다고만 말한다.) 분명 달라이 라마를 상징하는 아버지는 현실(난기류)이라는 외부의 위협으로부터 아이를 보호하고 싶어 하지만 바로 그 과도한 보호가 아이를 죽게 만든다. 여기에 달라이 라마와 '바람의 왕' 간의 더 깊은 동일성이 존재한다. 노래에 담긴 명백한 의미는 아픔과 고통을 막으려는 불교의 보호가 우리를 억압하며 삶을 빼앗는다는 것이다. 옛 동독 국가國歌의 첫 소절["폐허에서 부활하여 / 미래를 향해 나아가자Auferstanden aus Ruinen / Und der Zukunft zugewandt"]을 아이러니하게 바꿔 표현해보면, 달라이 라마의 실질적인 메시지는 "파멸과 어울리게 / 미래를 불태워버리자 Einverstanden mit Ruinen / Und in Zukunft abgebrannt"가 된다.

그러나 람슈타인의 노래 "달라이 라마"는 이 일반적 염세주의의 지혜를 또 한 번 비튼다. 이 노래의 중심 후렴구는 "조금 더 멀리 파멸을 향하여 / 죽을 때까지 살아가야만 한다"인데, 이는 프로이트가 '죽음 충동'이라고 부른 것의 가장 순수한 형태이다. 즉, 죽음 그 자체가 아니라 우리가 죽을 때까지 살아가야만 한다는 사실, 중단 없이 지루하게 이어지는 삶을 향한 충동, 끝없는 반복의 강박이다. 이 후렴구는 마치 프랑스에서 '라팔리사드lapalissade'라고 부르는 것, 즉 "라 팔리스 씨는 죽기 바로 직전에 살아 있었습니다"라고 할 때같이 공허하고 동어반복적인 말처럼 들린다.* 하지만 람슈타인은 이 뻔한 지혜를 뒤집어, "얼마나 오래 살든, 당신은 결국 죽게 될 거야"라고 노래한다. 죽을 때까지 살아야만 한다는 얘기다. 람슈타인의 변주가 공허한 동어반복이 아닌 이유는 윤리적 차원 때문이다. 죽기 전까지 우리는 그저 '분명히' 살아 있는 것이 아니라 살아가야만 한다. 우리에게 삶은 선택이고 적극적 의무이다.

---

* [역주] 16세기 프랑스의 귀족이자 군인인 자크 드 라 팔리스Jacques de la Palice의 묘비에 쓰인 글귀로, 너무나 명백해서 동어반복으로 느껴지는 진부한 진실을 가리키는 상용어구다.

따라서 우리는 살려는 의지를 잃을 수 있다.

팬데믹으로 인해 우리의 유한성과 필멸성을 깨닫고 얼마나 우리의 삶이 (우리 눈에 보이기로는) 여러 우연들의 알 수 없는 상호작용에 좌우되는지 알게 된 지금이야말로 "죽을 때까지 우리는 살아가야만 한다"는 태도를 적절한 자세로 취해야 할 때이다. 우리가 거의 매일 피부로 느끼고 있듯, 진짜 문제는 우리가 죽을 수도 있다는 사실이 아니라 불확실성 속에서 삶이 그저 지루하게 이어지며 항구적인 우울증을 유발하고 버텨내려는 의지를 상실하게 만든다는 점이다.

철저한 파국과 문명의 종말에 매료되는 까닭에 우리는 일상성의 붕괴를 병적으로 즐기는 방관자의 처지가 된다. 이 매혹은 때때로 잘못된 죄의식에서 자양분을 얻어서, 팬데믹이 우리의 방탕한 삶의 방식에 내리는 처벌이라고 여기기도 한다. 백신에 거는 희망과 새로운 변이 바이러스의 확산이 뒤섞인 지금, 우리는 끝없이 늦춰지는 신경쇠약 속에 살아간다.

출구의 시간대가 어떻게 변하고 있는지 주목해보자. 2020년 봄 당국자들은 아주 빈번하게 "두 주일만 지나면 나아질 것이다"라고 말했다. 2020년 가을에 이르면, 두 주일이 두 달이 된다. 지금은 거의 반년이 되었다. (2021년 여름, 어쩌면 더 나중에야 상황이 나아질 것이다.) 팬데믹의 종말을 2022년, 심지어 2024년으로 미뤄야 한다는 목소리도 벌써 나오고 있다. 백신이 새로운 변이에 효과가 있네, 없네 하는 뉴스가 매일 쏟아진다. 러시아가 개발한 스푸트니크 백신은 효과가 없는데, 지금은 아주 효력이 있는 것 같다고 한다. 백신 공급에 큰 차질이 있다고 하는데, 대부분의 사람들이 여름까지는 백신을 맞게 될 것이라고도 한다. 이렇게 끊임없이 오락가락하는 일은 분명 그 나름의 즐거움을 낳기도 해서, 우리가 삶의 불행을 더 수월하게 견디게 한다.

람슈타인의 "달라이 라마"에서처럼, 코로나바이러스 팬데믹은 우리의 일상생활을 산산조각 내버린 난기류다. 오늘날 무엇이 신들의 노여움을 사게 만들었나? 인간의 유전자 조작과 환경 파괴에 심기가 뒤틀린 것일까? 우리의 현실에서 달라이 라마는 누구인가? 봉쇄와 사회적 거리두기에 반대하는 조르조 아감벤Giorgio Agamben과 많은 시위자들에게 우리를 짐짓 보호하는 척하지만 실제로는 우리의 사회적 자유를 질식시키는 달라이 라마는 바로 이 보호조치들이다.

아감벤은 최근 짤막한 시 한 편을 썼다. "사랑이 폐지되었다Si è abolito l'amore"라는 제목의 이 시가 그의 입장을 명료하게 드러낸다. "자유가 폐지되었다 / 의료라는 명분으로 / 이제 의료가 폐지될 것이다. / 인류가 폐지되었다 / 생명이라는 명분으로 / 이제 생명이 폐지될 것이다."

하지만 우리는 이와 정반대로 주장할 수도 있다. '평소처럼 우리의 사회적 삶을 고수하자'고 옹호하는 아감벤의 태도 역시 우리가 저항해야만 할 유혹하는 천사의 목소리는 아닐까? 아감벤의 시구를 비틀어 반복하면, "의료가 폐지되었다 / 자유라는 명분으로 / 이제 자유가 폐지될 것이다. / 생명이 폐지되었다 / 인류라는 명분으로 / 이제 인류가 폐지될 것이다."

"죽을 때까지 우리는 살아가야만 한다"는 람슈타인의 노래는 이 교착 상태로부터 벗어날 출구를 그려준다. 삶으로부터 물러나는 방식이 아니라 가장 치열하게 살아가는 방식으로 팬데믹에 맞서 싸워야 한다는 것이다. 위험을 충분히 알면서도 매일같이 자신들의 목숨을 걸고 있는 많은 의료 노동자보다 지금 더 살아 있는 사람이 누가 있는가? 그들 중 많은 사람이 목숨을 잃었지만, 죽을 때까지 그들은 살아 있었다. 그들이 자신을 희생하는 이유는 단지 우리의 위선적인 칭찬을 얻기 위해서가 아니다. 벌거벗은 삶에 내몰린 생존 기계는 더더욱 아니다. 그들이야말로 오늘날 가장 살아 있는 사람들이다.

1부

팬데믹 시대의 증상들

1장

왜 철학자에게 작물 수확에 관한 글을 쓰라고 하는가

북북서에서 뭔가가 썩고 있다. 히치콕의 고전 영화 〈북북서로 진로를 돌려라〉(1959)가 아니라 독일 북북서 지방의 마을 귀터슬로 이야기를 하려는 참이다. 그곳에서 2020년 6월 중순, 650명이 넘는 육가공 공장 노동자들이 코로나바이러스 검사에 양성 반응을 보였고 수천 명이 격리되었다. 늘 그렇듯 우리는 계급 분리를 거론하고 있다. 안전하지 않은 환경에서 허드렛일을 하고 있는 외국인 이민 노동자들 얘기다.

비슷한 악취가 온 세상에 두루 퍼지고 있다. 2020년 늦은 봄, 미국 남부 테네시주에서도 뭔가가 썩어가고 있었다. 수확하지 못한 과일과 채소 수천 톤이다. 왜일까? 노동자 한 명이 바이러스로 쓰러진 뒤, 합해서 200명에 달하는 농장의 일꾼 전부가 코로나바이러스 검사에서 양성 판정을 받았다.*

이는 팬데믹으로 인해 먹거리 조달이 위협에 처한 여러 사례 중 하나에 불과하다. 일일이 손으로 따야만 하는 생산물은 대부분 이민자인 노동자들의 일이다. 이 수십만 명의 한철 일꾼들은 좁아터진 버스에 실려 이동하고, 비좁은 막사에서 잠을 잔다. 이들은 코로나바이러스 감염병이 창궐할 이상적 배양소다. 감염 사례는 분명 증가할 터이다. 농산물은 가격이 한창 오른 짧은 기간 동안에 재빨리 수확되어야 하기 때문이다. 이 계절 일꾼들은 아주 취약한 처지에 놓여 있다. 그들의 작업은 힘들고 불안정하며, 수입은 보잘것없고, 의료 혜택은 늘 그렇듯 형편없으며, 많은 사람들의 이민자 지위는 불법이다. 이는 계급 차이를 노정하는 팬데믹의 또 다른 사례이자 우리 모두가 같은 배에 타고 있지 않다는 현실을 드러낸다.

이와 같은 사례가 세계 도처에 넘쳐난다. 이탈리아와 스페인 남부 지방에서는 과일과 채소를 수확할 인력이 부족하고, 플로리다에서는 오렌지 수천 톤이 썩어가고 있으며, 이와 비슷한 문제들이 영국, 프랑스, 독일, 그리고 러시아에서도 나타난다. 팬데믹 탓에

* 「미국의 한 농장에서 모든 노동자들이 코로나바이러스에 양성 반응을 보이다」. "Every single worker at this U.S. farm has tested positive for coronavirus", 〈fortune.com〉, 2020년 5일 30일.

우리는 전형적으로 불합리한 자본주의의 위기를 마주하고 있다. 들판에서는 생산물 수천 톤이 썩고 있는데, 일이 간절한 노동자 수천 명은 허송세월을 보내고 있다.

어려움에 처한 것은 단지 작물 수확과 배급만이 아니다. 작물을 재배하는 일도 타격을 받는다. 현재 아프리카 동부에서 인도 서부 지역에 이르는 지역에서 메뚜기 떼가 수확물을 망치고 있다. 이 지역은 가뭄에도 시달리고 있다. 모든 일을 종합하면, 우리가 명백한 굶주림은 아니지만 엄청난 식량 부족 사태를 앞두고 있으며, 이는 제3세계 국가들에 한정된 일이 아니라는 말이 된다. 이 문제는 우리가 평소 딸기 한 상자를 구입할 때 돈을 조금 더 지불해야 하는 차원을 넘어선다. 가망 없는 상황은 아니지만 긴급하고 국제적인 공조가 필요하다. 생산물을 수확할 자원봉사자를 요청하는 것 이상의 조치가 있어야 한다. 이 위기를 피하려면 정부가 개입해 사람들을 동원할 필요가 있다.

이쯤에서 내 비판자들(그리고 몇몇 친구들)의 비웃음소리가 들리는 듯하다. 그들은 팬데믹이 어떻게 해서 철학자로서 내 시절이 끝났다는 뜻이 되는지 조롱하듯 지적할 터이다. 우리의 존재 기반이 위협받고 있는 이때, 라캉식 독법으로 헤겔을 읽는 일에 누가 신경이나 쓰겠는가? 아무리 지젝이라도 지금은 작물을 어떻게 수확할지에 관심을 기울여야 한다고 말이다.

그러나 비판자들은 틀려도 한참 틀렸다. 진행 중인 팬데믹은 표면 아래에서 항상 끓고 있던 사회적이고 경제적인 갈등을 불러내고, 엄청난 정치적 문제를 맞닥뜨리게 했지만 단지 거기에 그치지 않는다. 팬데믹은 시간이 갈수록 '어떤 사회를 지향하는가'를 둘러싼 전 지구적 전망들이 실제로 충돌하게 만들었다. 이 위기가 시작되었을 무렵에는 가장 위협에 처한 사람들을 돕는 데 중점을 둔, 일종의 기초적인 전 지구적 연대가 우세할 것처럼 보였다. 하지만 존 오더스John Authers가 지적했듯, 이 연대는 점차 "경쟁하는 도덕 원칙들을 마치 형이상학적 수류탄처럼 투척하는 지극히 당파적이고 문화적인 전투로 전락했다. 나라마다 상충하는 접근법을 채택했고, 그 와중에 미국은 거의 두 개의 나라로 쪼개져서 마스크를 쓰는 사람들과 그렇지 않은 사람들로 분열되었다."*

이 갈등은 심각하게 실존적인 충돌이어서 우리는 마스크 쓰기를 거부하는 사람들을 단순히 조롱할 수만은 없다. 애리조나주를 기반으로 한 쇼프로그램 진행자인 브렌든 딜리Brenden Dilley는 자신이 마스크를 쓰지 않는 이유를 이렇게 설명했다. "멍청이가 되느니 차라리 죽고 말겠다. 그렇다. 말 그대로다. 당장 바보처럼 보이느

* 「황금률이 코로나19로 죽어가고 있다」. "The golden rule is dying of Covid-19", 〈finance.yahoo.com〉, 2020년 5월 31일.

니 나는 차라리 죽겠다." 딜리가 마스크 쓰기를 거부한 이유는 그에게 마스크 쓰는 행위가 가장 기본적인 차원에서 인간의 존엄성에 부합하지 않기 때문이다.

철학자가 작물을 수확하는 일을 거론하는 것이 지금 전적으로 타당한 이유가 여기에 있다. 이 문제를 대하는 우리의 방식이 궁극적으로 인간의 생명을 대하는 기본적 태도에 달려 있기 때문이다. 우리는 딜리처럼 개인의 자유를 침해하는 그 어떤 것도 거부하는 자유지상주의자인가? 우리는 다수의 경제적 행복을 위해 수천 명의 목숨을 기꺼이 희생할 준비가 된 공리주의자인가? 우리는 팬데믹이 자연으로부터의 경고이며 인간의 자연 자원 착취에 대한 처벌이라고 생각하는 뉴에이지 심령주의자인가? 우리는 신이 우리를 그저 시험에 들게 해서 우리로 하여금 마침내 출구를 찾게 하려는 것일 따름이라고 믿는 것인가? 이러한 태도들은 각기 무엇이 인간 존재인가에 관한 특정한 관점에 기반을 두고 있다. 사정이 이러할진대, 이 위기에 어떻게 대처할 것인지 제안하는 일에 있어서 우리 모두는 철학자가 되어야만 한다.

2장

코로나바이러스, 지구온난화, 착취: 동일한 투쟁

2020년 6월 말의 시점에서 보면, 코로나바이러스 패닉이 벌어졌던 초기 두 달은 아련한 향수를 자아낼 정도다. 그렇다. 우리는 격리 상태였다. 그러나 우리는 이 사태가 한두 달 지속되다 곧 평상시로 돌아가리라 기대했었다. 미국알레르기전염병연구소NIAID 소장인 파우치 박사Anthony Fauci조차 미국인들에게 여름휴가를 즐길 수 있으리라 기대해도 된다고 얘기했다. 격리는 일시적인 예외고, 이 사태가 곧 끝나리라 믿었다. 그간 너무나 분주하게 살다가 격리 덕분에 가족과 평온하게 지내고, 책을 읽거나 음악을 듣거나 요리를 즐길 수 있는 짬을 얻게 되었다고, 격리를 반갑게 받아들여도 될 멈춤의 기간이라고 생각했다. 현재 우리는 누군가 "두더지

잡기 단계"*라고 부른 상태에 놓여 있다. 미국, 브라질, 인도 같은 나라에서는 새로운 감염이 폭발적으로 증가했고, 여기저기서 집단 감염이 끊임없이 발생한다. 이제야 우리는 바이러스와 같이 사는 법을 배워야만 하는 새로운 시대에 접어들었다는 사실을 어쩔 수 없이 받아들이게 되었다. 상황 자체가 유동적이어서, 팬데믹이 어떤 방향으로 진행될지 분명하게 알 수 있는 방법은 없다. 혹은 독일의 바이러스 학자 헨드릭 스트리크Hendrik Streeck가 간략하게 표현했듯, "이차 혹은 삼차 유행"은 없고, "우리는 항구적인 유행에 처해 있다."**

그렇지만 우리는 여전히 코로나바이러스 통계 수치에서 눈을 떼지 못하고, 다수의 사람들은 월드오미터 웹사이트(worldometers.info)에서 감염자, 사망자, 회복자의 숫자를 정기적으로 확인하고 있다. 이렇게 숫자에 홀리게 되면 우리는 더 많은 다른 사람들이 암, 심장마비, 환경오염, 굶주림, 무장 투쟁, 그리고 가정폭력으로 죽어가고 있다는 명백한 사실을 자동적으로 잊어버리게 된다. 마치 코로나바이러스 감염병을 완전히 통제하기만 한다면 우리가 처

* [역주] 여기저기서 마구잡이로 솟아나는 두더지를 망치로 때려잡는 두더지 게임처럼 팬데믹이 세계 도처에서 우후죽순 생겨나는 단계에 접어들었다는 뜻.

** 「이차 혹은 삼차 유행이 아니라, 유행은 항구적일 것이다」. "Keine zweite oder dritte Welle – wir sind in einer Dauerwelle", 〈welt.de〉, 2020년 6월 28일.

한 어려움의 주요 원인이 사라지기라도 할 것처럼. 사라지기는커녕 인간의 삶은 비참함이 가득한 상태로 지속될 것이다. 어떤 의미에서 인간의 삶은 흔히 의미 없는 고통과 함께 뼈아프게 끝나는 비참함 그 자체다.

게다가 코로나바이러스 팬데믹과 우리의 생태적 곤경 사이의 연계성은 어느 때보다 더 분명해지고 있다. 코로나바이러스를 통제할 수는 있겠지만, 지구온난화는 우리에게 훨씬 더 근본적인 조치들을 요구할 것이다. 그레타 툰베리Greta Thunberg는 최근 "기후와 생태 위기는 오늘날의 정치와 경제 시스템으로는 해결할 수 없다"*고 옳게 지적했다. 코로나바이러스에 대응하는 과정에서 우리가 일구어낼 수 있었던 것과 동일한 전 지구적 동원 체계가 지구온난화와 환경오염에 대처하는 일에서 훨씬 더 절실하지만, 우리는 이런 방향으로 행동하는 데에는 연이어 실패하고 있다. 혹은 툰베리가 안데르센 동화의 제목을 뒤집어서 멋지게 표현했듯, "임금님들은 벌거숭이다. 하나도 남김없이 벌거숭이다. 우리의 사회 전체가 그저 하나의 거대한 나체주의자 파티로 보인다."

극단적 회의주의자들조차 수긍할 수밖에 없는 지구온난화의 사

* 「그레타 툰베리: 코로나19는 기후 위기 극복을 위한 지구적 각성의 계기여야 한다」. "Greta Thunberg: COVID-19 should be global wake-up call to tackle climate crisis", 〈ecowatch.com〉, 2020년 6월 23일.

례를 하나 들어보자. 2020년의 처음 6개월 동안 시베리아 지역에서 오래 지속된 폭염은 산불과 엄청난 원유 유출, 그리고 나무를 갉아먹는 나방의 창궐을 야기했다. 한 뉴스 매체가 보도했듯, "니즈냐야 페샤 지역이 6월 9일에 섭씨 30도를 찍는 등, 북극권 러시아 마을의 기온이 엄청나게 상승했다. (…) 같은 달 영구동토층의 해빙이 적어도 부분적 원인이 되어 시베리아 지역에서 디젤 원유가 유출되는 일이 벌어졌고, 푸틴 대통령은 비상사태를 선포했다. 원유 저장 탱크의 지반이 갑자기 무너진 것이다."* 오랫동안 얼어 있던 모든 박테리아와 바이러스가 영구동토층의 해빙으로 다시 활성화되길 기다리고 있다니, 생각만 해도 끔찍하다!

코로나바이러스와 온 세계에 걸쳐 분출하고 있는 반反인종차별주의 시위 간의 관계에도 같은 이야기를 적용할 수 있다. "흑인의 목숨은 소중하다!"는 주장을 두고 진행되는 논쟁(예컨대, 왜 차라리 "모든 목숨은 소중하다!"고 하지 않는 거지?)에 유일하게 타당한 응답은 현재 미국에서 회자되고 있는 기막히게 잔혹한 밈, "아무 목숨도 소중하지 않다!"고 쓰인 포스터를 들고 있는 스탈린을 묘사한 짤막한 영상이다. (이런 형태의 밈을 배태하게 만든, 〈스탈린이 죽

---

* 「기후 위기: 시베리아에서 날아온 기록적인 폭염 경보」. "Climate crisis: alarm at record-breaking heatwave in Siberia", 〈theguardian.com〉, 2020년 6월 17일.

었다!〉를 둘러싼 호주에서의 논쟁*은 여기서 거론하지 않겠다.) 이 자극적 영상에 담긴 진실의 핵심은 목숨만 부지하는 삶보다 훨씬 더 중요한 일들이 있다는 것이다. 흑인에게 가해지는 경찰의 폭력에 항의하는 사람들의 메시지도 이와 같지 않을까? 흑인과 그들을 지지하는 사람들은 단순한 생존을 요구하는 것이 아니다. 그들은 자유롭고 동등한 시민으로서 존엄을 가지고 대해달라고 요구하고 있으며, 이를 위해 때로는 자기 목숨까지 포함해 많은 위험을 기꺼이 무릅쓰고자 한다. 코로나바이러스를 퍼뜨리거나 부추길 위험이 커지는 시기에 그들이 항의를 위해 모이는 이유는 여기에 있다.

이 말은 조르조 아감벤이 옳았다는 얘기일까? 국가 주도의 봉쇄와 자가 격리는 우리 삶을 단순한 생존으로 축소시켜버리는 조처이고, 봉쇄 지침을 따르는 것은 단지 생존할 기회를 얻기 위해 삶다운 삶을 기꺼이 포기하는 증거라며 이를 거부했던 아감벤이 옳았다는 뜻일까? 온전히 인간으로 남아 있기 위해서 우리는 (감염의 가능성에 스스로를 노출하는 방식으로) 우리의 생존을 위험에 처하게 만들어야 할까? 이런 태도의 문제점은 오늘날 봉쇄를 풀어야

* [역주] 영국 영화감독인 아만도 이아누치Armando Iannucci의 코미디 영화 〈스탈린이 죽었다!〉(2017)가 호주에서 처음 개봉되었을 때, 스탈린 시대에 벌어진 살인을 1953년에 발생한 것으로 그려서 이차대전 참전자들의 거센 항의가 있었다. 앞서 거론한 밈은 이 영화에 나오는 스탈린의 모습을 본떠서 만들었다.

한다고 주장하는 주된 인물들이 포퓰리즘적 뉴라이트에 속한다는 사실에 있다. 뉴라이트 구성원들은 이와 유사한 모든 제한 조치(사회적 거리두기에서 마스크 의무 착용에 이르는)가 우리의 자유와 존엄성을 침해한다고 본다. 이런 입장에 대항해 우리는 다음과 같은 핵심 질문을 던지고 응답해야 한다. 즉 봉쇄와 격리를 없애는 일이 평범한 노동자들에게 실질적으로 무엇을 뜻할까? 그 답은, 그들은 생존을 위해 감염을 무릅쓰고 안전하지 않은 세상으로 나아가야 한다는 것이다.

이를 통해 우리는 핵심 논점에 다다른다. 코로나바이러스 팬데믹은 경제에 모순된 방식으로 영향을 끼쳤다. 한편에서 코로나바이러스는 당국자들로 하여금 때때로 거의 공산주의를 지향하는 일들, 즉 국민 기본소득이나 전 국민 의료보장 등과 같은 형태의 조치들을 수행하도록 만들었다. 그렇지만 공산주의를 향한 이 뜻하지 않은 개방성은 그저 동전의 한쪽 면에 불과하다. 이와 동시에 정반대되는 과정들이 폭력적으로 부상하여 기업은 부를 쓸어 담고 국가로부터 긴급구제를 지원받는다. 코로나 자본주의의 윤곽이 서서히 드러나고, 동시에 새로운 계급투쟁이 등장하고 있다. 이에 대해 필라델피아 출신의 작가이자 큐레이터인 조슈아 사이먼Joshua Simon은 다음과 같이 말했다.

미국의 도시들은 수십 년 만에 가장 큰 규모의 임대료 파업을 목격했다. 최소 150차례의 노동자 파업과 작업 중단(아마존 물류센터 노동자들의 파업이 가장 눈에 띈다) 및 난민 억류 시설에서 단식 농성 사태가 벌어졌다. 이와 동시에 미국의 억만장자들이 코로나바이러스 봉쇄가 진행된 첫 몇 주 동안 불과 23일 만에 총 2820억 달러에 달하는 돈을 벌어들인 것으로 보인다는 연구 결과도 있다. 팬데믹과 봉쇄로 엄청난 불평등이 창궐한다는 사실을 인정할 수밖에 없다. 일자리를 잃는 사람들이 있는가 하면, 가장 거대한 기업들과 이미 엄청난 부를 소유한 사람들에게 압도적으로 이득이 되는 메가톤급 긴급구제가 시행되고 있다. 이 와중에 필수 노동자로 간주되는 사람들은 계속해서 일을 해야만 하는 상황이다.*

사이먼을 한 번 더 인용하자면, 팬데믹 상황에서 (서구 국가에서) 벌어지는 노동을 특징짓는 새로운 착취의 주된 형태는 "노동자에게 비용을 전가시키는 것이다. 사람들에게 병가를 금지하는 일에서부터 선생님들이 집에서 자신들의 무선네트워크와 노트북을 이

* 「병든 사회를 연구하는 모임: 시장의 작은 손」. "Society for sick societies: the tiny hands of the market", 〈socialtextjournal.org〉, 2020년 6월 16일.

용하여 가르치게 만드는 일에 이르기까지 각 가정이 모든 생산과 재생산 노동을 수행하고 있다." 이러한 상황에서는 생산수단을 소유하고 이 수단을 작동할 노동자를 고용하는 사람은 대개 더 이상 자본가가 아니다. "노동자가 스스로 생산수단을 휴대한다. 연료를 채우고 자동차보험과 운전면허까지 모두 구비된 자기 소유의 차량을 작업에 이용하는 아마존 배달원이나 우버 운전자에게 직접적으로 벌어지는 일이다." 사이먼은 봉쇄에 반대하는 시위에서 세라 메이슨Sarah Mason*이 들었던 포스터를 환기시킨다. "사회적 거리두기는 곧 공산주의다." 거리두기가 없어질 때 우리가 얻는 것은 바로 이 노동자들의 허울 좋은 '자유,' 자신들의 생산수단을 소유한 채 감염을 무릅쓰면서 회사를 위해 배달하느라 돌아다니는 노동자들의 자유다. 여기서 역설은 코로나 경제의 주된 변종 두 가지 모두(봉쇄 기간에 가정에서 일하는 것과 음식이나 택배 같은 물품을 배달하며 돌아다니는 것)가 유사한 방식으로 자본에 종속되어 있으며 여분의 착취를 당한다는 사실이다.

따라서 세라 메이슨에게 건네는 우리의 응답은 이래야만 한다. "맞다, 공산주의다. 그게 바로 사회적 거리두기가 필요한 이유다."

---

* [역주] 캘리포니아주 헌팅턴 해변에서 격리 조치에 항의한 시위자. 위 문구로 언론의 주목을 받았다.

하지만 더더욱 필요한 것은 경제 소생과 생명 구제 사이에서 무기력한 선택을 하지 못하게 해줄 새로운 경제 질서이다.

3장

동상 파괴는 왜
급진적이지 않은가

언론이 널리 보도한 바에 따르면 2020년 6월 21일 독일 당국은 슈투트가르트시의 중심부에서 벌어진 "전례 없는 규모의" 폭력 사태에 충격을 받았다. 사오백 명에 달하는 파티 참가자들이 밤새 소란을 피웠는데, 이들은 가게 창문을 부수고, 상점들을 약탈했으며, 경찰을 공격했다. 네 시간 반에 걸쳐 겨우 폭력을 잠재운 경찰은 이 "내전을 방불케 하는 사태"에 어떤 정치적 동기가 있음을 배제하면서 난동자들이 "파티나 이벤트 현장"에서 나온 것이라고 설명했다.* 코로나바이러스 팬데믹 여파로 술집과 클럽이 문을 닫은 상황에서 공개적으로 난동을 피운 것이다. 이러한 사건은 독일에만 한정되지 않는다. 6월 25일 영국의 해변가에는 수천 명이 사회적 거리두기를 무시하고 운집했다. 한 뉴스 사이트의 보도에 따르면, "그 지역은 차량과 일광욕을 즐기려는 사람들로 넘쳐나서 북새통을 이루었다. 해안가에 산더미로 쌓인 쓰레기를 수거하려고 했던 청소 노동자들 또한 모욕과 위협을 당했고, 도를 넘은 음주와 다툼이 결부된 수많은 사건들이 벌어졌다."**

이러한 폭력적인 난동에서 우리는 사회적 거리두기와 방역이 부과한 비유동성에 대한 역반응을 쉽게 감지할 수 있다. 전 세계에 걸쳐 이와 유사한 더 많은 행동이 잇따를 것이라는 점도 충분히 예상할 수 있다. 아무 의미 없는 폭력이 아니라 진보적 대의를 표방하는 폭력, 심지어 인종차별에 반대하기 위해 열정을 분출하는 경우도 유사한 논리를 따를 수 있다는 의구심이 드는데, 이런 의구심을 소리 높여 제기하는 일에 몸을 사려서는 안 된다. 인종차별에 반대하는 시위에 가담한 수천 명의 사람들은 자신들이 멍청한 바이러스가 아니라 명백한 적과 벌이는 '정의로운' 사회적 투쟁과 같은 일에 다시 한번 매진한다는 데서 일종의 안도감을 느꼈던 것이다.

물론 우리가 여기서 거론하는 것은 서로 아주 다른 형태의 폭력

---

* 「약물 검사 후 슈투트가르트 중심가에서 수백 명이 소동을 벌이다」. "Hundreds run riot in Stuttgart city centre after drug checks", 〈theguardian.com〉, 2020년 6월 21일.

** 「영국인들은 팬데믹이 없는 것처럼 바다에 가고, 파티를 즐긴다」. "England goes to the beach and parties like there's no pandemic", 〈edition.cnn.com〉, 2020년 6월 26일.

이다. 본머스 해변에서 사람들은 단지 평소처럼 여름휴가를 즐기고 싶었기에 이를 막고자 했던 사람들을 향해 거칠게 대응했다. 슈투트가르트에서는 희열이 약탈과 파괴에서, 다시 말해 폭력 자체에서 발생했다. 이 폭동은 광폭한 축제의 최악의 형태였고, 아무런 선명한 해방적 잠재력도 없는 맹목적 분노의 폭발이었다. (물론 늘 그렇듯 몇몇 좌파들은 이 사태에서 소비주의와 경찰의 통제에 맞선 저항의 의미를 읽어내려고 시도했다.) 대체로 비폭력적인 반인종차별 시위는 숭고한 해방의 기치를 내건 자신들의 투쟁을 위해서 공권력이 내린 명령과 금지를 무시했다. (이러한 형태의 폭력은 선진 서구 사회에 만연하다. 그 바람에 우리는 예멘, 아프가니스탄, 그리고 소말리아 같은 제3세계 국가들에서 이미 벌어지고 있고, 또 앞으로 분명히 폭발하게 될 가장 가공할 형태의 폭력을 무시한다. 6월 27일에 〈가디언〉이 보도했듯, "만일 이미 점증하는 폭력과 심화되는 가난, 그리고 기근의 망령으로 핍박받는 나라들에 두루 걸쳐 팬데믹이 빠르게 확산된다면 올 여름, 세계는 이제껏 목격했던 최악의 재앙 중 몇몇을 목도할 것이다."*)

세 가지 형태의 폭력이 각각의 차이에도 불구하고 공유하는 한

* 「폭력과 바이러스의 해로운 결합이 최빈국을 휩쓸고 있다」. "Toxic mix of violence and virus sweeps poorest countries", 〈theguardian.com〉, 2020년 6월 27일.

가지 핵심 특징이 있다. 이들 중 어느 것도 최소한의 일관된 사회적·정치적 프로그램을 표방하지 않는다. 인종차별에 반대하는 시위는 이 규준을 충족한 듯 보이지만 인종차별과 성차별의 흔적들을 제거하려는 '정치적으로 올바른' 열정에 지배되는 한 실패한다. 이 열정은 이와 정반대되는 신보수주의식 사상의 통제와 너무도 흡사하다. 루마니아 입법부는 6월 16일에 모든 교육기관에서 "젠더가 생물학적 성과 분리된 개념이라고 보는 젠더 정체성에 관한 이론과 견해를 공표하는 일"을 금지하는 법을 통과시켰다.* 중도 우파 상원의원이자 대학 교수인 블라드 알렉산드레스쿠Vlad Alexandrescu조차 이 법으로 인해 "루마니아는 헝가리와 폴란드가 추진했던 입장에 근접하고 있으며 사상 검열을 도입하는 체제가 되어가고 있다"고 지적했다.** 물론 포퓰리즘적 뉴라이트 프로그램은 오래 전부터 젠더 이론을 직접적으로 금지해왔지만 팬데믹으로 인해 새롭게 탄력을 얻었다. 팬데믹에 대한 뉴라이트 진영의 전형적인 반응은 궁극적으로 양극화를 지양하면서 다문화주의를 표방하는 다원주의가 지구 사회에 퍼진 결과 감염병이 발생했다고 보

---

* 루마니아 국회 입법안 예고. 다음의 인터넷 주소로 들어가면 찾을 수 있다. http://www.cdep.ro/pls/proiecte/upl_pck2015.proiect?idp=18210

** 「루마니아가 젠더 연구를 금지하다: 학생들은 새로운 법이 '중세로의 회귀'라며 맹비난하고 있다」. "Romania gender studies ban: Students slam new law as going 'back to the Middle Ages'", 〈euronews.com〉, 2020년 6월 17일.

는 것이다. 따라서 팬데믹과 싸우는 길은 우리 사회를 확고한 전통적 가치를 지니고 특정한 문화에 뿌리를 둔, 좀 더 민족주의적 사회로 만드는 일이 된다.

팬데믹이 사우디아라비아와 카타르 같은 근본주의 국가들에서 창궐하고 있다는 점에서 위 논리를 명백히 반박할 수 있지만, 그 일은 일단 접어두고 저 악명 높은 가톨릭의 금서 목록에 최종 집약된 '사상 검열'의 절차에 초점을 맞추어보자. 이 금지된 출판물 목록은 이단으로 취급되거나 성도회 명부Sacred Congregation of Index의 도덕에 위배되는 것으로 여겨져서 가톨릭교도들은 허락 없이 읽을 수 없었다. 목록은 근대 초기부터 1966년에 이르기까지 발효되었고 주기적으로 재편되었으며, 어느 시점에서든 유럽의 문화에 속한다고 여겨지는 모든 인물을 한 번쯤 포함했다. 철학에서는 데카르트에서 칸트, 사르트르와 보부아르 등을 예로 들 수 있다. 내 친구인 믈라덴 돌라르Mladen Dolar가 몇 년 전에 지적했듯, 어느 시점에서든 이 목록에 올랐던 모든 책과 저자가 없는 유럽의 문화를 상상한다면 남는 것은 황무지일 뿐이다. 이 점을 거론하는 까닭은 내 생각에 우리의 문화와 교육에서 인종차별과 성차별의 모든 흔적을 말소하자는 최근의 충동이 가톨릭교회의 금서 목록과 동일한 덫에 빠질 위험을 야기한다고 보기 때문이다. 인종차별과 반反페미니즘의 자취가 어느 정도 발견되는 모든 저자를 파기한다면 무엇이 남겠는가? 정확히 말 그대로 모든 위대한 철학자와 작가 들이 사라진다.

데카르트를 예로 들어보자. 데카르트는 한때 가톨릭 명부에 이름이 올랐지만, 본질적으로 인종차별적이고 성차별적인 서구 헤게모니의 철학적 시조로도 또한 널리 받아들여진다. 하지만 우리는 보편적 의심을 주장하는 데카르트 입장의 근본 경험이 정확히 '다문화주의'의 경험이기도 하다는 사실을 잊어서는 안 된다. 그는 서구의 전통이 우리가 '괴팍하다'고 생각하는 타자의 전통보다 더 낫지 않다는 말을 하고 있다. 『방법서설』에서 거론하고 있듯, 그는 자신이 여행하는 동안 "우리와 정반대되는" 전통과 관습이 "반드시 야만적이거나 미개하지는 않으며 우리들에 버금가거나 훨씬 위대한 이성을 지니고 있을 수 있다"고 인정했다. 데카르트적 철학자에게 종족적 뿌리와 민족적 정체성이 분명 진리의 범주가 아닌 이유가 여기에 있다. 이는 또한 데카르트가 여성들 사이에서 즉각적으로 인기가 있었던 까닭도 설명해준다. 데카르트의 초기 연구자 중 하나가 지적했듯, 코기토(순수한 사유의 주체)에는 성性이 없다. 성정체성이 생물학적으로 결정되지 않고 사회적으로 구성된다고 보는 최근의 주장은 오로지 데카르트적 전통을 배경으로 해서만 가능하다. 즉 데카르트의 사상 없이는 현대의 페미니즘과 반인종차별주의도 없다. 따라서 때때로 인종차별과 성차별 논리에 빠진다고 하더라도 데카르트는 존중받을 만한 가치가 있으며, 우리는 동일한 기준을 플라톤과 에피쿠로스부터 칸트와 헤겔에 이르는 우리의 철학적 과거에 속하는 모든 위대한 이름들에도 적용해야만 한다. 현대의 페미니즘과 반인종차별주의는 이 유구한 해방적 전통으로부터 생겨났기에 이 고귀한 전통을 외설적 포퓰리스트와 보수주의자 들의 손에 내버려두는 일은 순전한 광기가 될 터이다.

이와 마찬가지의 주장은 논란이 된 많은 정치적 인물들에도 적용된다. 그렇다. 토머스 제퍼슨은 노예를 소유했고 아이티 혁명에 반대했지만, 그는 훗날 흑인 해방의 정치적이고 이념적인 토대를 놓았다. 게다가 좀 더 일반적인 관점에서 보면, 그렇다. 아메리카 대륙을 침략함으로써 서구 유럽은 세계 역사상 가장 참혹한 인종학살을 자행한 것일 수 있다. 그렇지만 유럽의 사상은 우리가 오늘날 이 참사의 전체적 윤곽을 볼 수 있게 하는 정치적이고 이념적인 토대를 제공했다. 그리고 이것은 유럽에만 해당하는 얘기가 아니다. 젊은 시절 간디가 남아프리카에서 인도인들의 평등권을 위해 싸웠을 때 흑인들의 처지를 무시한 것은 맞다. 하지만 그는 그럼에도 불구하고 역사상 가장 위대한 반反식민주의 운동을 성공적 결말로 이끌었다. 따라서 우리는 우리의 과거에 대해, 특히 현재까지 존속하는 과거에 대해 가차 없이 비판적이어야 마땅하지만, 자기멸시에 굴복해서는 안 된다. 자기혐오에 기반을 둔 타인 존중은 언제나, 그리고 정의상 옳지 않다. 역설적인 것은 우리 사회에서 인종차별에 반대하는 시위에 참여하는 백인 대부분이 위선적으로 자신들의 죄의식을 즐기는 상위 중간 계급이라는 점이다. 어쩌면 이 시위자들은, 충분히 급진적이지 못했다는 비판을 받기에는 억울한 프란츠 파농으로부터 교훈을 배워야 할지 모르겠다.

> 어떤 사람이 존엄한 정신의 승리에 기여할 때마다, 어떤 사람이 자기 동포들을 노예화하려는 시도에 '아니오'라고 답할 때마다, 나는 그의 행위에 연대감을 느낀다. 결코 내 타고난 소명이 유색인 민족들의 과거에서 도출되어서는 안 된다. (…) 내 검은 피부는 특정한 가치의 저장소가 아니다. (…) 유색인인 내게는 백인들이 내 인종의 과거에 대한 죄책감을 투명하게 표명하리라는 희망을 품을 권리가 없다. 유색인인 내게는 내 예전 주인의 자부심을 짓밟아버릴 방법들을 모색할 권리가 없다. 굴종했던 내 선조들에게 보상을 요구할 권리도, 의무도 나에게는 없다. 흑인의 사명은 없고 백인의 짐도 없다. (…) 내가 오늘날의 백인에게 17세기 노예 상인들의 책임에 답하라고 요구할 것인가? 모든 수단을 동원해 백인의 영혼 속에 죄의식이 생기도록 하려는 것인가? (…) 나는 내 선조들의 인간성을 박탈했던 노예제의 노예가 아니다.*

백인의 일반적 죄의식이라는 관념을 거부한다면, 우리는 또한 마땅히 그들이 지속적으로 행하는 '정치적으로 올바른' 인종차별에 관용을 베풀어서는 안 된다. 이 정치적으로 올바른 인종차별의 대표 사례는 저 악명 높은 뉴욕의 센트럴파크에서 촬영된 에이미 쿠퍼Amy Cooper의 영상이다.** 러셀 스브리글리아Russell Sbriglia는 이렇게 논평했다.

> 비디오에서 가장 이상하고 가장 불편한 대목은 그녀가 (응급 구조대에 전화하기 전 그 흑인 남성에 대고 말할 때와 전화 연결이 되어 경찰 수신자에게 말할 때 모두) 유독 "아프리카계 미국인 남성"이 자신의 생명에 위협이 된다고 말하는 부분이에요. 그것은 마치 적절하고 정치적으로 올바른 어법('흑인'이 아니라 '아프리카계 미국인')을 구사했기에 그녀가 하는 짓이 인종차별이 될 수 없다는 것과 거의 흡사해요.***

---

* Frantz Fanon, *Black Skin, White Masks*(New York, NY: Grove Press, 2008), pp.201~206. 프란츠 파농, 『검은 피부, 하얀 가면』, 노서경 옮김, 문학동네, 2014.
** 「센트럴파크에서 조류 관찰 중이던 흑인 남성을 경찰에 신고한 백인 여성이 해고되다」. "White woman who called police on a black man bird-watching in Central Park has been fired", 〈edition.cnn.com〉, 2020년 5월 26일. [역주] 논란이 된 영상에서 에이미 쿠퍼는 반려견에게 목줄을 채우라는 흑인 남성의 요청을 거부하며 실랑이를 벌이다 오히려 자신이 위협을 당했다고 경찰에 신고했다.
*** 러셀 스브리글리아와 나눈 개인적 대화.

도착적으로 죄의식을 즐길 게 아니라, 그리고 그렇게 해서 진짜 피해자를 욕되게 만들 게 아니라, 우리는 더 적극적으로 연대해야 한다. 죄의식과 피해자 의식은 우리를 움직이지 못한다. 오로지 우리 모두가 스스로를, 그리고 각자를 책임 있는 성인으로 대하면서 함께 행동할 때 우리는 인종차별과 성차별을 이길 수 있다.

4장

아버지…… 혹은 그보다 못한

벨라루스에서 벌어진 시위에 관한 뉴스를 들었을 때 내게 가장 먼저 떠오른 생각은 「실버 블레이즈」*에서 런던 경시청 형사와 셜록 홈스가 "한밤중에 벌어진 신기한 강아지 사건"을 두고 나눈 잘 알려진 대화였다.

"눈길을 끌 만한 어떤 다른 사항이 있나요?"

"한밤중에 벌어진 신기한 강아지 사건이요."

"강아지는 밤중에 아무 짓도 안 했어요."

"그게 바로 신기한 일이지요."

---

* [역주] 『셜록 홈스의 회상록』에 실린 단편.

루카셴코에게 퍼부어진 비난 중 하나는 코로나바이러스 사태에 정부가 부실하게 대응했다는 것이었지만, 그 사안은 시위를 두고 벌어진 공개 논쟁에서 확연하게 사라졌고, 그로 인해 우리는 한 기자가 벨라루스 전문가에게 이런 질문을 하는 상황을 상상할 수 있게 되었다.

"민스크 시위에서 눈길을 끌 만한 어떤 다른 사항이 있나요?"

"민스크 중앙 광장에서 벌어진 코로나바이러스와 관련된 신기한 사건이요."

"그런데 거기서는 아무도 코로나바이러스를 거론하지 않았어요."

"그게 바로 신기한 일이지요."

루카셴코와 시위대는 코로나바이러스에 대해 똑같이 묵살했다. 민스크의 군중은 사회적 거리두기에 신경조차 쓰지 않았고 마스크를 쓴 사람도 거의 없었다. 그 와중에 루카셴코는 계속해서 코로나바이러스의 위험을 인정하지 않으려고 했다. 그는 심지어 5월 8일 구소련 지역에서 유일하게 2차 세계대전 승전 기념 행진을 주최했다는 사실을 과시했다. (물론 벨라루스가 인접 국가들보다 팬데믹에 더 잘 대처하고 있다는 점을 감안해야 한다.) 자유를 사랑하는 자유주의자들이 벨라루스에서 벌어진 사태에 열광했다는 것은 전혀 놀랍지 않다. 그들은 코로나바이러스가 아무리 위협적이어도 옛날식

훌륭한 대중 시위를 막을 수 없다는 점을 증명하는 사례로 이 사건을 바라보았다. 적어도 아주 잠시 동안은 팬데믹이 배경으로 물러났고, 우리는 익숙한 시나리오로 돌아왔다. 대중이 '유럽의 마지막 독재자'를 넘어뜨리고, 민스크는 새로운 키예프가 되었다.

그렇지만 민주주의를 향한 이 흥겨운 열광에는 그 자체의 맹점이 있다. 우리는 당연히 시위를 지지해야 한다. 루카셴코는 괴팍한 권위주의 지도자로, 반대자들을 체포하고 언론의 자유도 거의 허용하지 않으면서 자신의 국가를 철권통치로 운영하는 어딘가 우스꽝스러운 인물이다. 하지만 그를 단순히 실패작으로 치부할 수는 없다. 베냐민 비더Benjamin Bidder는 "루카셴코식 사회 모델의 몰락"이라는 제목의 기사에서 다음과 같이 썼다. "오랫동안 루카셴코는 벨라루스에 쓸 만한 복지를 도입했다. 그것만으로도 그가 이웃 국가들에서조차 매우 높은 인기를 얻기에 충분했다. 그러나 그의 경제 모델은 곤경에 처했다."* 루카셴코는 '자유' 우크라이나보다 더 높은 일인당 국민소득과 함께 경제적 안정, 안전, 그리고 질서를 확보했고, 훨씬 더 평등한 방식으로 분배했다. 그러나 가장 중요하고 이윤이 높은 사업들 가운데 하나(러시아에서 싼 값에 원유를 수입

* 베냐민 비더, 「루카셴코식 사회 모델의 몰락」. Benjamin Bidder, "Lukaschenkos schwindendes Geschäftsmodell", 〈spiegel.de〉, 2020년 8월 15일.

하여 서방에 재판매하는 사업)가 낮은 원유 가격 때문에 막을 내리는 바람에 그의 시대는 종말을 고했다.

벨라루스에서 지속되고 있는 시위는 서구의 자유주의적 자본주의의 정상성에 재합류하기를 꾀하는 따라잡기식 시위로, 오늘날 선진 국가를 괴롭히는 심각한 문제에 직접적으로 시비 걸지 않는다. 따라서 만일 시위대가 승리한다면 초기의 열광이 식은 다음에 이러한 문제들이 즉각적으로 생겨날 것이며, 그 최종 결말은 하나의 새로운, 더 민족주의적이고 보수적인 판본의 루카셴코, 즉 벨라루스의 오르반이나 카친스키가 될 수 있음을 우리는 무리 없이 예상할 수 있다. 다시 말해 우리는 지난 세월 동안 루카셴코가 상대적으로 인기를 누린 배후의 원인을 명심해야만 한다. 그가 용인되고 심지어 일부 집단에서 받아들여진 이유는 바로 그가 광폭한 자유주의적 자본주의의 횡포(부패, 경제적이고 사회적인 불확실성)에 맞서는 안전한 보금자리를 제공했기 때문이었다.

지금의 상황은 분명하다. 거대 다수가 독재자를 제거하고 싶어 한다. 문제는 인민이 승리한 다음에 시작된다. 민주주의 사회에서는 누구에 맞서 저항할 것인가? 분명하게 눈에 띄는 독재자가 존재하지 않기에 뒤에서 조종하는 보이지 않는 지배자('심층 국가'*를 통제하는 유대인 같은 존재)를 파헤치려는 유혹이 생기게 된다. 지지자들 사이에서 루카셴코를 정겹게 부르는 별명은 "바트카(batka,

아버지)"인데, 우리는 여기서 자크 라캉의 후기 세미나 중 하나의 제목, 『……혹은 그보다 못한(*ou pire/or worse*)』을 떠올리지 않을 수 없다. 라캉은 여기서 "아버지 혹은 그보다 못한le pere ou pire"이라는 문구, 즉 가부장에 맞선 반항의 최종 결과가 어떻게 쫓겨난 가부장보다 더 못한 지도자로 귀결될 수 있는지 엄중하게 경고하는 의미의 문구를 상기시키고 있다.

지난 몇 년 동안 전 세계를 뒤흔든 시위는 두 가지 유형 사이에서 선명하게 오락가락한다. 한편에서는 서구 자유주의 언론의 지원을 누리는 따라잡기식 시위, 예컨대 홍콩과 민스크에서 벌어진 시위가 있다. 다른 한편에는 자유민주주의 프로젝트 자체의 한계에 대응하는, 예컨대 프랑스의 노란조끼 시위, '흑인의 목숨은 소중하다' 시위, 멸종 반란Extinction Rebellion 같은 훨씬 더 문제적인 시위가 있다. 이 두 유형 간의 관계는 저 유명한 아킬레스와 거북이의 역설과 흡사하다. 거북이와의 걸음마 경주에서 아킬레스는 거북이가 예컨대 1백 미터쯤 앞서가게 해준다. 얼마 동안의 시간이 지나면 아킬레스는 1백 미터를 달음질쳐서 거북이가 출발했던 지

---

* [역주] deep state, 정부 조직과 법 제도 바깥에서 국가를 좌지우지하는 숨은 권력 집단을 가리키는 표현으로, 뉴라이트 포퓰리스트의 음모론이 힘을 얻으면서 그 실체가 미국 민주당과 긴밀하게 연관된 유대계 금융자본(조지 소로스, 빌 게이츠, 마크 저커버그)이라는 설이 확산되었다.

점에 이르게 될 터이다. 이 시간 동안 거북이는 훨씬 더 짧은 거리, 예를 들어 2미터쯤 달릴 것이다. 그러고 나면 아킬레스가 그 거리를 따라잡는 데 좀 더 시간이 걸릴 것인데, 이때쯤 되면 거북이는 더 앞으로 나아갈 터이다. 이 세 번째 지점에 이르기 위해서 아킬레스는 좀 더 시간이 걸릴 터이고, 거북이는 앞서 나갈 것이다. 따라서 거북이가 있었던 지점에 도달할 때마다 아킬레스는 여전히 거북이를 따라잡기 전에 일정한 거리를 가야만 한다. 그런데 여기서 시간의 변수를 아주 조금 바꿔보자. 아킬레스가 2백 미터를 달리게 한다면 그와 동일한 시간 동안 거북이는 4미터를 달리게 되어 아킬레스에게 한참 뒤처지게 될 것이다. 여기서 자명해지는 결론은 이렇다. 아킬레스는 결코 거북이에게 도달할 수 없지만, 쉽게 따라잡을 수는 있다.

만일 아킬레스를 '민주주의적 봉기 세력'으로 바꾸고 거북이를 '자유민주주의적 자본주의'의 이상으로 바꾼다면, 우리는 국가들 대부분이 이 이상에 근접할 수 없으며 거기에 도달하지 못하는 그들의 실패는 전 지구적 자본주의 시스템 자체의 약점을 표현한다는 사실을 금세 깨닫게 된다. 이들 국가에서 활용할 수 있는 유일한 대안적 선택은 시스템을 넘어서려는 위험한 움직임일 터인데, 이는 물론 그 자체로 위험이 뒤따른다. 덧붙여, 민주주의에 찬성하는 시위자들이 자유주의적 자본주의의 서구를 따라잡으려고 노력하는 반면, 경제적으로나 정치적으로나 선진화된 서구 자체는 후기 자본주의적이고 후기 자유주의적인 시대, 그것도 당연히 디스토피아적인 시대로 불리는 상황에 진입 중이라는 조짐이 있다는 것을 깨닫지 않을 수 없다.

야니스 바루파키스Yanis Varoufakis는 앞으로 벌어질 일의 핵심 징후를 짚어내고 있다. 최근 영국과 미국이 근래 들어 최악의 경기침체로 접어들었다고 공표했을 때 양국의 주식시장은 최고점을 기록했다.* 이 사태의 일부는 단순한 사실(대부분 주식시장의 상한가는 구글과 테슬라같이 그저 잘나가는 몇몇 기업들이 주도한다)로도 설명할 수 있지만, 순환과 투기가 생산으로부터 유리되어 있는 금융자본의 일반적인 경향을 가리키는 것일 수 있다. (이는 또한 새로운 유형의 "알고 있다고 가정된 주체"의 발흥을 반영하고 있다. 그 주체의 사례는 「마음과 몸에 관한 워런 버핏Warren Buffet on Mind and Body」이라는 제목이 붙은 최근의 야후 보고서에서 볼 수 있다. 오늘날 인간 생활의 다양한 측면에 관해 조언할 수 있다고 가정된 사람들은 위대한 과학자나 예술가, 혹은 생산적 발명가가 아니라 보편적 지혜를 구현하면서 형이

* 개인적 대화. [역주] 야니스 바루파키스는 좌파 경제학자이자 그리스의 전 재무장관이다. 그의 주장을 더 자세히 알고 싶으면 다음 글을 참고할 것. 야니스 바루파키스, 「유럽은 코로나바이러스 불황에 준비가 안 되어 있다」. Yanis Varoufakis, "Europe is unprepared for the Covid-19 Recession", 〈project-syndicate.org〉, 2020년 5월 18일.

상학적 통찰까지 건넬 수 있는 금융 투기자이다.) 넷플릭스가 여기서는 모범 사례다. 넷플릭스는 돈을 까먹으면서도 계속 확장 중이다. 따라서 진정한 선택은 다음과 같다. 어떤 형태의 후기 자본주의에 우리가 안착할 것인가?

민주주의의 상태에 관해서는 언론의 표제 기사들을 훑어보기만 해도 족하다. 폴란드의 자유주의적인 공적 인사들은 자신들이 민주주의가 붕괴하는 것을 지켜보는 구경꾼이 되어가고 있다고 불만을 터뜨린다. 미국에서는 트럼프가 자기 입맛에 맞지 않으면 대통령 선거 결과를 인정하지 않겠다는 신호를 보내고 있으며, 오바마는 이런 트럼프야말로 민주주의 자체의 심각한 위협이라고 경고하고 있다. 이 모든 게 루카셴코의 메아리 같지 않은가?

그러니 벨라루스의 시위자들에게 있는 힘껏 행운을 빌어보자. 그들이 승리한다면 코로나바이러스와 연관된 우려는 생태학에서 새로운 빈곤에 이르는 다른 모든 관련된 긴급 현안들과 함께 돌아와 복수할 것이다. 그들에게는 행운과 용기가 필요할 것이다.

5장

사회적 거리두기 시대의 섹스

아일랜드의 보건서비스집행국Health Service Executive은 코로나바이러스 시국에 어떻게 섹스를 실행할지를 담은 지침을 펴냈는데, 두 가지 핵심 권고 사항은 다음과 같다.

육체적이고 대면으로 이루어지는 상호접촉은 잠시 중단하는 것을 고려해볼 만합니다. 특히 당신이 섹스 파트너를 주로 온라인에서 찾거나 섹스를 생업으로 삼는 경우라면 더더욱. 영상을 통한 데이트, 문자를 이용한 섹스 혹은 채팅방도 고려해 보세요. 공용 키보드나 터치스크린을 사용할 경우 소독하는 것도 잊지 마십시오. 자위는 감염 우려가 적지만 그래도 안전을 위해 자위 전후로 손과 섹스 기구를 비누와 물로 20초 이상 씻어주세요.*

육체적 접촉을 통해 확산되는 감염병의 시절에 합리적이고 상식에 맞는 충고이지만, 이런 권고는 우리 삶의 점증하는 디지털화로 이미 진행되고 있던 과정의 결과에 불과하다는 사실을 지적할 필요가 있다. 통계에 따르면 오늘날의 미성년은 성욕을 해결하는 일보다 웹과 약물을 전전하는 일에 더 많은 시간을 쏟고 있다. 설사 그들이 섹스를 하더라도, 가상공간에서 (노골적인 포르노를 이용해) 섹스하는 것이 훨씬 더 수월하고 더 즉각적으로 만족스럽지 않을까? 이런 이유 때문에 미국의 새로운 티브이 시리즈 〈유포리아 Euphoria〉("한 무리의 고등학생이 약물, 섹스, 정체성, 트라우마, 소셜미디어, 사랑, 그리고 우정을 헤쳐가는 모습"을 추적하는 시리즈라고 광고하고 있다)는 오늘날 고등학생 인구 집단의 방탕한 삶과 거의 정반대되는 초상화를 그리고 있다. 〈유포리아〉는 오늘의 젊은 친구들과 맞지 않고 그 때문에 희한하게도 시대착오적이다. 오히려 한때 젊은이들이 얼마나 타락했었는지 향수에 빠져 기억하려는 중년

* The HSE Sexual Health and Crisis Pregnancy Programme, "Sex and coronavirus (COVID-19)", 〈sexualwellbeing.ie〉.

의 태도를 보여준다.

그러나 우리는 여기서 한 걸음 더 나아가야 한다. 만일 아무런 가상의 혹은 환상어린 보조 수단이 없는 완전한 '진짜' 섹스라는 게 존재하지 않는다면 어떻게 될까? 자위의 통상적인 정의는 '파트너를 상상하면서 혼자 즐기는 섹스'인데, 진짜 섹스란 항상 어느 정도까지는 실제 파트너와 함께하는 자위라면 어쩔 것인가? 이런 이야기로 무슨 말을 하려는 거냐고? 〈가디언〉의 한 칼럼에서 에바 와이즈먼Eva Wiseman은 "인터넷 포르노의 여파를 다루는 존 론슨Jon Ronson의 팟캐스트 시리즈, 〈나비효과The Butterfly Effect〉의 한 대목"을 거론한다. "한 포르노 영화 세트장에서 남자 배우가 촬영 도중 발기에 실패한다. 다시 회복하기 위해 그는 자기 아래 벗은 채로 있는 여성으로부터 등을 돌려서 휴대폰을 집어 들고는 〈포르노허브Pornhub〉를 검색했다. 내게는 이 장면이 아련하게 묵시록적이었다."* 그녀는 이렇게 결론 내린다. "섹스의 왕국에 무언가가 썩어 있다."

여기에 나는 정신분석의 가르침을 덧붙이고 싶다. 즉 섹스의 왕국에는 무언가가 태생적으로 썩어 있고, 인간의 성욕은 그 자체로

---

* 에바 와이즈먼, 「거친 섹스와 거친 정의: 우리에게는 '합의'에 관한 더 큰 이해가 필요하다」. Eva Wiseman, "Rough sex and rough justice: we need a greater understanding of consent", 〈theguardian.com〉, 2019년 12월 8일.

도착적이며, 사도마조히즘적 역전과 특히 현실과 환상의 혼합에 노출되어 있다. 내가 나의 파트너와 단 둘이 있을 때에도 그 사람과 나의 (성적인) 상호작용은 나의 환상들과 뗄 수 없이 얽혀 있다는 것, 다시 말해 모든 성적 상호작용은 잠재적으로 '실제 파트너와의 자위'처럼 구조되어 있다는 것, 나는 내 파트너의 살과 몸을 내 환상을 실현하고 실행하기 위한 받침대로 쓰고 있다는 것이다. 우리는 내 파트너의 육체적 현실과 환상이라는 우주 간의 이 틈새를 가부장제와 사회적 지배 혹은 착취가 열어놓은 하나의 왜곡에 불과한 것으로 환원할 수 없다. 틈새는 여기에 바로 처음부터 존재한다. 그래서 나는 다시 발기하기 위해 〈포르노허브〉를 검색했던 그 남자 배우를 충분히 이해한다. 그는 자신의 연기를 위해 환상의 도움을 구하고 있었던 것이다. 성행위 도중 파트너에게 계속 말을 하라고, 대체로 뭔가 '음란한' 말을 지껄여달라고 부탁하는 것도 이와 같은 이유에서다. 성행위의 일부인 이런 요구는 심지어 그 사람이 자기 손에 '물자체', 즉 사랑하는 파트너의 벗은 몸을 잡고 있을 때에도 이루어진다. 몸의 현존은 말로 하는 환상 만들기로 보충되어야만 한다.

이 행동이 남자 배우에게 효과가 있었던 까닭은 분명 그가 여자 배우와 개인적으로 사랑하는 관계가 아니었기 때문이었다. 여자 배우의 몸은 그에게 살아 있는 섹스 로봇에 더 가까웠다. 만일 그가 자기 파트너와 열정적으로 사랑하는 사이라면, 그녀를 만지는 그의 모든 몸짓이 그녀의 주체성의 핵심을 흔들었을 터이기 때문에 그녀의 몸은 그에게 더 없는 의미를 가졌을 것이다. 자기가 진정으로 사랑하는 누군가와 사랑을 나누게 되면 파트너의 몸을 만지는 일은 결정적으로 중요하다. 따라서 우리는 성적 욕망은 육체적인 반면 사랑은 정신적이라는 진부한 지혜를 다음과 같이 뒤집어야만 할 것이다. 성적인 사랑은 사랑이 없는 섹스보다 더 육체적이다.

"코로나바이러스 봉쇄로 섹스 인형 판매가 날개 돋치다"라는 제목이 붙은 〈바이스 매거진〉의 최근 기사에는 놀라운 점이 전혀 없다.* 명약관화한 설명만으로도 충분한 듯하다. 팬데믹에 대응하여 부과된 모든 사회적 거리두기로 인해 사람들이 직접적인 신체 접촉을 피하고 있는 것이다. 그러나 그 기사가 언급하고 있는 한 가지 세부 사실로 인해 이러한 설명은 힘을 잃는다. 대다수의 섹스 인형이 기혼 커플에게 팔린다는 얘기다. 어떻게 이런 일이 있을 수 있을까? 두에인 러셀Duane Rousselle은 그 실마리가 "우리들 대부분은 팬데믹 기간 동안 그 어느 때보다도 서로에게 긴밀하게 연결되

* "Covid-19 lockdowns have led to a huge spike in sex doll sales", 〈vice.com〉, 2020년 8월 11일.

어 있다고 느낀다"는 사실에 있다고 암시한다. 폭발적인 섹스 인형 구매는 "따라서 과도하게 밀착할 수밖에 없는 팬데믹 상황에서 오히려 성관계에 장벽을 만들려는 시도를 보여주는 사례다. 이 인형들은 성관계를 극복하기 위한 목적이 아니라 실생활에서 성적 접촉을 시도하는 우리의 강렬한 욕구를 '저지하고' 늦추기 위한 목적에서 사용된다."*

여기서 작동하는 기막힌 변증법적 역전에 주목해보자. 팬데믹의 진짜 문제는 사회적 고립이 아니라 타인과의 사회적 연결망에 대한 과도한 의존이다. 팬데믹이 진행되는 기간보다 우리가 더 타인에게 의존하는 일이 과연 가능할까? 전형적인 기혼 커플에게는 자가 격리를 하는 동안 섹스를 거부하기 위한 온갖 구실이 효력을 상실한다. ("미안, 오늘밤엔 안 되겠어. 친구네 집에 들려야 해." 혹은 "끝마쳐야 할 일거리가 남아 있어.") 그리고 섹스의 의무에 장애물을 찾으려는 필사적인 노력 끝에 그들은 자신들 사이에 플라스틱 인형을 끼워 넣는다. 역설적이게도 탁월하게 성욕화된 대상이 성관계에 장애물로 기능하게 되는 것이다.

그렇다면 지금 진행 중인 이 감염병으로 인해 성욕이 줄고, 접촉하지 않은 채 사랑하는 사람을 멀리서 흠모하는 형태의 사랑이 유

* 러셀과 나눈 개인적 대화.

행하게 될까? 감염병은 분명히 신체적 접촉이 없는 디지털 성적 게임을 부추길 것이다. 그러나 바라건대, 이 감염병으로부터 내밀한 육체적 접촉을 새롭게 음미하는 길이 생겨날 것이다. 그렇게 되면 우리는 땅earth, 그 움직임 없고 텁텁한 재질이 정신성에 반대되는 것이 아니라 바로 그 정신의 매체라고 보는 안드레이 타르콥스키Andrei Tarkovsky의 가르침을 다시금 배우게 될 것이다. 타르콥스키의 걸작 〈거울〉(1975)에는 그의 아버지 아르세니 타르콥스키Arseny Tarkovsky가 이런 대사를 읊는 대목이 나온다.

"몸이 없는 영혼에는 죄가 있다. 마치 옷이 없는 몸처럼."

육체적 접촉은 영혼으로 가는 길이지만 노골적 이미지들 앞에서의 자위는 죄다.

6장

돼지와 인간의 (시원찮은) 멋진 신세계

2020년 8월 28일, 일론 머스크는 로스앤젤레스에서 기자회견을 열어 '뉴럴링크Neuralink 프로젝트'가 성공했음을 증명하는 최초의 생생한 증거를 공표했다. 그가 "건강하고 행복한 돼지"(돼지가 행복하다는 것을 그는 어찌 알았을까?)라고 지칭한 존재는 컴퓨터로 판독할 수 있는 뇌를 이식받았다.* 머스크는 우리의 내면 생활을 통제할 전례없는 잠재력으로 가득한 이 뉴럴링크로 우리가 누릴 수 있는 의료 혜택이 얼마나 큰지를 강조했고, 이제 인간 지원자를

* 「뉴럴링크: 일론 머스크가 뇌에 컴퓨터 칩을 이식했다고 주장하는 돼지를 공개하다」. "Neuralink: Elon Musk unveils pig he claims has computer implant in brain", 〈theguardian.com〉, 2020년 8월 29일.

찾는 중이라고 선언했다. 이 실험이 전기충격 치료법과 불길하게 평행을 이룬다는 점이 즉각 분명해졌다. 처음엔 돼지가, 나중엔 인간이 실험대상이 된다. 전기충격 치료법은 이탈리아의 신경과 의사인 우고 체르레티Ugo Cerletti가 돼지가 도살되기 전에 전기충격을 받는 것을 목격한 뒤 1938년에 발명했다. 그는 이 전기충격이 돼지를 더 유순하게 만든다는 것을 알고 나서 동일한 치료법을 인간에게도 시험해보려는 생각을 품었다.*

이런 주장은 머스크를 향한 어느 정도 비겁한 공격일 수 있다. 뉴럴링크의 중요성을 설명할 때 우리는 두 가지 극단적인 태도 모두를 배격해야 한다. 즉 특이점**(신적인 집단 자기인식)을 향한 길을 여는 발명으로 여겨 찬양하거나, 우리가 개별적 자율성을 잃고 디지털 기계의 톱니가 되어버릴 것이라는 신호로 여겨 두려워하지 말아야 한다. 머스크 자신은 하나의 이데올로기적 몽상에 빠져 있다. 〈인디펜던트〉에 실린 최근의 한 기사의 제목과 부제는 이렇다. "일론 머스크는 인간 언어가 짧으면 5년 내로 폐기되리라고 예측한다: '우리는 감상적인 이유로 여전히 언어를 쓸 수 있다.' - 뉴럴

---

* 「당신이 알아야 할 전기충격의 위험성 열 가지」. "10 facts you need to know about the dangers of electroshock", 〈cchr.org〉, Vol.3(issue3).

** [역주] Singularity, 철학에서 어떤 정해진 기준을 초과하여 규칙이 적용되지 않는 지점을 뜻하는 말.

링크의 책임자는 회사가 그 장치를 앞으로 1년 이내에 인간의 두뇌에 연결할 계획이라고 말한다."* 이 꿈이 기술적으로 구현될 가능성은 무시해도 될 정도이지만, 일단 인간이 언어를 통하지 않고 마음으로 직접 경험을 공유하게 된다면 성적인 유혹의 과정에 무슨 일이 벌어질지 떠올려보자. 서로의 두뇌가 연결되어서 한 사람의 생각의 흐름이 다른 사람에게 전달될 수 있게 된 두 명의 주체 사이에서 구애 행위가 벌어지는 상황 말이다. 만일 장차 내 파트너가 될 사람이 직접적으로 내 의도를 파악할 수 있다면 복잡 미묘한 구애 게임에 무엇이 남겠는가? 상대방은 다음과 같이 반응하지 않을까? "좋아요, 나는 당신이 나랑 간절하게 섹스하고 싶다는 걸 알고 있는데, 왜 내게 좋아하는 영화가 뭔지, 그리고 저녁은 뭘 먹고 싶은지 같은 멍청한 질문을 하는 건가요? 내가 당신과 전혀 섹스하고 싶지 않다는 걸 못 느끼겠어요?" 모든 일이 단 몇 초 만에 끝나버릴 터이다.

좀 더 근본적인 차원에서 우리의 내면생활(우리 생각의 움직임)과 외부 현실의 거리감은 우리가 스스로를 자유로운 존재로 인식하게 되는 기반이다. 우리는 우리의 생각이 현실과 동떨어져 있는

* "Elon Musk predicts human language will be obsolete in as little as five years: 'We could still do it for sentimental reasons'", 〈independent.co.uk〉, 2020년 5월 9일.

한에서만 자유롭게 생각한다고 느낀다. 바로 그렇기 때문에 자유자재로 생각할 수 있고, 사유의 실험을 창조하며, 현실에서 아무런 직접적 중요성이 없는 꿈을 펼치는 것이다. 어느 누구도 우리의 사고 과정을 통제할 수 없다. 일단 우리의 내면생활이 현실과 연결되어, 곧바로 구체적 결과로 나타나서 (혹은 그 현실의 일부인 기계를 통해 조작되어서) 우리의 생각이 어떤 의미에서 더 이상 '우리의 것'이 아니게 되면, 우리는 실질적으로 포스트휴먼의 단계에 진입한다. 따라서 뉴럴링크는 네트워크에 연결된 두뇌에 매몰될 경우에도 우리가 여전히 인간일 수 있는가라는 의문뿐만 아니라 우리가 '인간적'이라고 말할 때 그것을 무슨 의미로 이해하는가라는 질문을 촉발한다. 뉴럴링크가 열어놓은 전례 없이 새로운 사회적 통제 양상을 포함하는, 이와 같은 의문들에 관해 나는 내 책 『네트워크에 연결된 두뇌의 헤겔*Hegel in a Wired Brain*』에서 다룬 적이 있다. 내가 내 생각을 통해 현실의 과정을 직접적으로 통제할 수 있게 된다면(가령 내가 커피머신으로 마키아토 커피를 만들어야겠다고 생각하기만 하면 그런 일이 벌어지는 상황) 이는 이 인과적 연계가 정반대의 방향으로도 작용할 수 있음을 뜻한다. '내 생각을 읽는' 디지털 기계를 통제하는 사람들은 또한 내 마음을 통제하고 내 마음속에 생각을 심을 수도 있다.

코로나바이러스 팬데믹의 시대인 오늘날 우리에게 중요한 일은 바이러스에 대응해서 시행된 사회적 (혹은 차라리 육체적) 거리두기와 뉴럴링크의 전망이 상호보완적이라는 사실을 아는 것이다. 어떻게 그러한가? 감염의 위협에 대응하는 방어로서의 물리적 거리두기는 강화된 사회적 연결성(자가 격리하는 가족 구성원들 사이에서뿐만 아니라—대체로 디지털 미디어를 통한—가족 외부와의 연결망)으로 귀결되었고, 광란의 파티나 축제 같은 물리적 근접성의 폭발적 증가는 이 두 가지 모두에 대응해서 분출했다. 광란의 파티는 단지 육체적 근접성만이 아니라 사회적 통제의 약화를 요구하며 따라서 사회 전체로부터 더 많은 거리두기가 필요하다는 메시지를 전달한다.

팬데믹으로 인해 벌어진 일은 공동체 생활에서 거리두기로의 단순한 전환이 아니라 친밀성과 거리두기의 한 양상이 다른 양상으로 좀 더 복잡하게 변화한 것이었다. 팬데믹 이전 사회의 특징이었던 공동체 생활과 사적 영역 간의 취약한 균형 상태는 (방역으로 인해) 실제적이고 육체적인 사회적 상호작용의 여지가 감소했음에도 더 많은 프라이버시로 귀결되지 못하고 새로운 양상, 즉 사회적 의존과 통제에 관한 새로운 규범을 만들어내는 양상으로 대체된다. 방역 상황에서 우리를 통제하기 위해 심지어 드론이 활용되기도 한다는 사실을 명심하자.

따라서 뉴럴링크의 전망은 인간 존재들이 육체적으로 고립되어

보호막이 되는 거품 속에서 살아가는 동시에 동일한 내면의 공간을 공유하는 새로운 사회의 비전과 이상적으로 합치한다. 심리적 삶에 있어서 우리는 서로 간에 그 어느 때보다 더 가까워질 것이다. 하지만 지금 우리에게는 타인과의 더 많은 물리적 근접성뿐 아니라 타인과의 더 많은 심리적 거리도 필요하다.

7장

접촉 금지의 미래는 필요없다

팬데믹에 대처하는 우리에게 주어진 기본 선택지는 트럼프식 길과 언론에서 중국식 길이라고 외쳐대는 방식 중 하나인 듯하다. 전자가 수천 명이 더 죽더라도 시장의 자유와 이윤 가능성이라는 조건을 충족하는 경제활동으로 복귀하는 길이라면, 후자는 디지털화된 국가의 총체적 통제를 개인에게 가하는 길이다. 그런데 뉴욕 주지사 앤드루 쿠오모Andrew Cuomo와 구글의 전 최고경영자 에릭 슈미트Eric Schmidt가 제3의 선택지를 찾았다고 (블룸버그 및 빌과 멀린다 게이츠의 지원을 받아) 선전하고 있다. 나오미 클라인Naomi Klein의 설명에 따르면, 쿠오모와 슈미트가 공표한 이 프로젝트는 "공공생활의 모든 측면에 영구적으로 기술을 접합시키는 일에 중점을 두고 뉴욕주의 코로나바이러스 현실을 다시 상상하자"고 제안한다.* 클라인은 이 제안을 "스크린 뉴딜 정책Screen New Deal"이라고 부른다. 이 정책의 핵심은 감염으로부터 보호를 약속하는 동시에 자유주의자들이 소중하게 여기는 개인의 자유를 보장한다는 것이다. 그러나 이게 과연 효과가 있을까?

스탠드업 코미디언인 앤서니 제슬닉Anthony Jeselnik은 죽음에 관한 단상 중 하나로 자기 할머니의 사연을 소개한다. "우리는 할머니가 잠든 상태로 행복하게 숨을 거두었다고 생각했다. 그런데 부검 결과 끔찍한 진실이 드러났다. 할머니는 부검을 하는 동안 돌아가신 거였다." 우리가 처한 곤경을 부검하려는 슈미트의 제안이 지닌 문제가 바로 이것이다. 이 제안, 그리고 이 제안의 함의는 우리가 처한 곤경을 현재 상태보다 더 파국으로 몰아간다. 클라인이 "영구적인 (그리고 높은 이윤이 보장되는) 비접촉의 미래"라는 이 비전에 관해 비판적으로 서술한 내용은 다음과 같다.

> 이 미래에서 우리의 가정은 다시는 결코 배타적으로 사적인 영역에 머무르지 않는다. 가정은 초고속 디지털 연결망을 통

---

* 나오미 클라인, 「스크린 뉴딜」. Naomi Klein, "Screen New Deal", 〈theintercept.com〉, 2020년 5월 9일. 아래 인용도 이 텍스트에서 가져왔다.

> 해 우리의 학교, 의사의 진료실, 체육관, 그리고 국가가 결정하기만 하면 교도소가 될 수도 있다. (…) 특권층에게는 거의 모든 것이 스트리밍과 클라우드 기술을 통해 가상 현실적으로 혹은 운전자 없는 차량이나 드론을 통해 물리적으로 집으로 배달 가능해지며 매개된 플랫폼상에서 스크린으로 '공유된다.' 이 미래에서는 훨씬 더 적은 수의 교사, 의사, 그리고 운전자만이 일자리를 얻는다. 또한 (바이러스를 통제한다는 구실로) 현금이나 신용카드가 통용되지 않으며 뼈대만 남은 대중교통과 실제가 없는 예술만 남는다. 이 미래는 '인공지능'에 의해 운용된다고 주장하지만 실제로는 수천만 명의 이름 없는 노동자들에 의해 지탱된다. 그들은 공장에서, 데이터 센터에서, 콘텐츠 조작 작업실에서, 전자기기 착취 공장에서, 리튬 광산에서, 산업화된 농장에서, 육가공 공장에서, 그리고 교도소에 갇혀 질병과 과도한 착취로부터 보호받지 못한 채 버려진다.

이 묘사에서 두 가지 핵심 쟁점이 즉각적으로 눈에 띈다. 첫 번째는 '비접촉' 공간에서 살아갈 수 있을 만큼의 특권을 누리는 사람들이 또한 가장 많이 통제를 받는 존재이기도 하다는 역설이다. 그들의 생활 전체가 진짜 권력을 차지한 측, 즉 "정부와 기술 거물들 간의 유례없는 협업체"에 투명하게 드러나며, "공립학교, 병원,

의사 진료소, 경찰, 그리고 군대 등 모든 부문은 (큰 비용을 들여) 핵심 기능을 민간 기술 기업들에 외주를 주게 된다." 우리 존재의 생명줄인 이러한 네트워크들이 구글, 아마존, 애플 같은 민간 기업의 손에 들어가야만 하는 것일까? 국가의 안보 기구와 결합해서 우리에게 제공되는 데이터를 검열하고 조작하거나 혹은 심지어 우리를 공적 영역과 단절시킬 수 있는 능력을 지니게 될 그 기업들에게? 슈미트와 쿠오모는 이러한 기업들에 엄청난 공적 투자가 이루어져야 한다고 요청했다. 그렇다면 대중이 이 기업들을 소유하고 통제하면 안 되는 것일까? 요컨대 클라인이 제안하듯 그 기업들을 비영리 공익사업체로 전환하면 안 되는 것일까? 이와 유사한 움직임이 없다면 민주주의는 그 어떤 중요한 의미에서도 사실상 파괴된다. 우리의 공통 영역(우리가 의사소통과 상호작용을 공유하는 영역)의 기본 요소가 민간의 통제 아래에 놓이기 때문이다.

둘째, 스크린 뉴딜 정책은 아주 적확한 지점에서 계급투쟁에 개입한다. 현재 진행 중인 바이러스 위기로 인해 우리는 데이비드 하비David Harvey가 '새로운 노동계급'이라고 부른 사람들의 중차대한 역할을 뼈저리게 깨닫게 되었다. 간호사부터 음식과 다른 물품을 배달하고 쓰레기를 수거하는 등의 일을 하는 사람을 망라하는 모든 형태의 돌봄 관리자caretaker가 그들이다. 자가 격리를 할 수 있었던 우리 같은 사람에게 이 노동자들은 우리가 타인과 육체적으로 접촉하는 주된 형태로 남아 있고, 도움을 받는 원천인 동시에 가능한 감염원이기도 했다. 스크린 뉴딜 정책은 이 돌봄 관리자 계급의 가시적 역할을 최소화하려는 계획이다. 이들이 격리되지 못한 채 대부분 보호도 받지 못하며 자신들을 바이러스의 위험에 노출시키고 있기에 특권을 누리는 우리는 안전하게 생존할 수 있다. 누군가는 로봇이 사람을 대신해서 노약자들을 돌보는 일을 하리라는 꿈을 꾸기도 한다. 하지만 이 보이지 않는 돌봄 관리자들은 반격에 나설 수 있고 더 나은 보호를 요구할 수 있다. 미국 내 육가공 산업에서는 노동자 수천 명이 이미 코로나바이러스에 감염되어 수십 명이 사망했으며, 이와 비슷한 일이 독일에서도 벌어지고 있다. 새로운 형태의 계급투쟁이 여기서 분출할 것이다.

우리가 이 프로젝트를 극단까지 추진한다면, 스크린 뉴딜 정책의 마지막은 네트워크에 연결된 두뇌라는 아이디어가 될 터이다. 우리의 뇌가 (언어를 벗어나서) 특이점이나 신적인 집단적 자기인식의 형태로 직접 서로의 경험을 공유한다는 관념 말이다. 일론 머스크의 뉴럴링크 프로젝트가 실현된다는 것은 인간의 언어가 곧 소멸한다는 것을 뜻할 수 있다. 이 비전이 〈매트릭스〉 속 인간의 상황에 대한 반향이지는 않은가? 고립된 거품 속에서 보호받으면서 우리는 그 어느 때보다 더 정신적으로 결합할 것이다. 거기에 어떤 전망이 하나라도 있다면 그것은 악몽 같은 비전일 터이다.

2019년 10월 칠레에서 시위가 벌어졌던 시기에 하나의 낙서가 벽에 쓰였다. "세계의 또 다른 종말은 가능하다."* 이 말이 스크린 뉴딜 정책에 대한 우리의 응답이 되어야 한다. 그렇다. 우리의 낡은 세계는 끝이 났지만, '비접촉'의 미래가 우리의 유일한 선택은 아니며 세계의 또 다른 종말은 가능하다.

* 이 정보는 후안 로드리게즈Juan Rodriguez로부터 얻었다. [역주] 칠레의 대중과 노동자들이 부자 중심의 경제가 몰고 올 파국이 아니라 그 체제를 다르게, 즉 새로운 혁명으로 끝낼 사회 변혁이 이루어질 것이라는 의지를 담아 표현한 말.

8장

천국에서의 죽음

우리가 사는 세계는 점차로 광기에 빠져들고 있다. 코로나바이러스 위협에 맞선 연대와 전 지구적 협력 대신에 농업에서는 재앙이 창궐하고 있을 뿐만 아니라 대량 기근(아프리카 동부에서 파키스탄에 걸친 국가들이 메뚜기 떼의 습격으로 황폐화되고 있다)이 도래할 전망이 커지고 있으며, 대부분의 미디어가 무시하고 있지만 정치적 폭력 역시 폭발하고 있다. 수백 명의 사상자가 났던 인도와 중국 간의 군사적 국경 충돌을 다룬 뉴스를 접하기란 얼마나 어려운가? 그렇게 필사적인 상황에서 누군가는 영국 BBC가 카리브해에 있는 상상의 섬 세인트마리를 무대로 만든 〈천국에서의 죽음Death in Paradise〉 같은, 아주 오래된 전형적인 범죄 드라마로 빈번히 도피하며 그것을 핑곗거리로 삼을 수 있을 것이다. 조그마한 섬 공동체에서 동일한 공식을 따르는 십여 건의 살인이 벌어진다. 살인 시점에 주요 혐의자 네 명은 함께 있으며, 그들 각자를 목격한 사람도 있다. 그렇다면 그들 중 누가 범죄를 저지를 수 있단 말인가? 우리가 현재 처한 현실은 우리가 허구 속으로 도피하는 와중에도 우리를 계속 사로잡는다. 범죄 드라마에서조차 팬데믹 상황과의 유사성을 발견할 수 있다.

〈천국에서의 죽음〉 후반부 에피소드 중 하나에서 경찰 수사관은 살인자가 범죄 행위의 흔적을 제거할 수 있도록 도움을 준 조력자가 있다는 사실을 발견한다. 그리고 이 조력자가 다름 아니라 희생자 본인이었음도 알게 된다. 이 희생자는 사람들을 따돌리고 모욕하기를 즐겼지만, 양심과 후회의 고통도 안고 있었다. 세인트마리 근처의 작은 섬에서 그는 고객 네 명을 위한 서바이벌 캠프를 운영하는데, 살인이 벌어졌을 당시 오직 그 다섯 사람만이 섬에 있었기 때문에 범인은 그들 중 하나가 분명하다. 수사관은 해변에 도착한 누군가의 자취를 발견하고 살인 현장까지 걸어간 다음 되돌아온다. 마치 침입자가 단신으로 오로지 희생자를 죽이기 위해서 섬에 당도했다는 듯이. 그렇지만 몇몇 세부 사실이 이 이미지를 망가뜨리고. 마침내 수사관은 사건을 재구성한다. 살인자는 고등학교 시절에 피해자로부터 잔인하게 모욕을 받고 학대를 당했는데, 그 때문에 인생 전체가 망가졌다. 서바이벌 캠프에서 자신을 학대한 인물을 만났을 때 학대자는 그를 알아보지 못한다. 살인자는 그 덕분에 인적 없는 숲속까지 학대자의 뒤를 밟을 수 있었고, 그가 자신의 삶을 망가뜨렸다고 절망에 차서 울부짖으며 대나무 창으로 그를 찌른다. 희생자는 젊은 시절 자신이 살인자에게 트라우마를 안겨줬다는 것을 깨닫고, 치명적인 상처를 입은 몸으로 자신의 마지막 남은 힘을 다해 외부인이 그 섬에 도착했던 것처럼 보이게 사건 현장을 꾸민다. 그렇게 섬에 있던 다른 네 명에게 면죄부를 주고 쓰러져 죽음을 맞이하는 것이다.

드라마 속 희생자의 행위에는 어떤 고귀한 면모, 진정한 구원의 흔적이 존재한다. 하지만 이데올로기는 그렇게 숭고한 행위조차 도착적으로 바꿔버린다. 이데올로기는 범죄자가 아니라 희생자가 자발적으로 범죄의 흔적들을 삭제하게 만들며, 범죄를 자기 자신의 의지로 행한 행동으로 드러나게 한다. 이런 행동은 봉쇄를 철폐하라고 시위하는 평범한 시민 수천 명이 미합중국이라는 천국에서 행한 바로 그 일이 아닐까? 트럼프와 트럼프 행정부가 옹호했던 '일상'으로의 너무나 빠른 복귀는 많은 평범한 시민들을 감염이라는 치명적 위험에 노출시키지만, 시민들은 그럼에도 복귀를 요구했고, 그로 인해 트럼프(와 자본)의 범죄의 흔적들을 감추어버렸다.

19세기 초반, 웨일즈의 수많은 광부들은 안전모와 다른 값비싼 보호 장비를 갖추길 거부했다. 이 보호 장비가 석탄 광산에서 빈번하게 벌어지는 끔찍한 사고의 가능성을 엄청나게 줄였음에도 거부했던 것인데, 장비를 구매하는 비용이 그들의 급료에서 공제되었기 때문이었다. 코로나바이러스 시국인 오늘날에는 노동자들이 이와 유사한 절망적인 계산을 하도록 내몰리고 있다. 즉, "돈이냐 목숨이냐" 가운데 어쩔 수 없이 하나를 골라야 하는 오래된 선택(물론 당신은 아무리 비참하다 하더라도 삶을 선택한다)이 새로운 형태로 나타난 것이다. 돈보다 삶을 선택하고 집에서 자가 격리를 한다면 당신은 살아남지 못할 것이다. 돈을 잃는 것은 목숨을 잃는 일이기 때문이다. 격리 대신 당신은 돈을 벌어 생존하기 위해 일터로 돌아가야만 한다. 그러나 이런 삶은 감염과 죽음의 위협으로 인해 단축된다. 트럼프는 노동자들의 사망에 직접적으로 죄가 있지는 않지만, 노동자들에게 그릇된 선택을 제공한 죄가 있다. 그 거짓 선택에 따르면 살아남을 수 있는 유일한 길은 죽음을 무릅쓰는 것이다. 트럼프는 노동자들이 자신들의 작업장에서 죽을 '권리'를 달라고 시위할 수밖에 없는 상황을 만들어냄으로써 그들을 모욕하기까지 했다.

우리는 봉쇄에 반대하는 시위와 미국이라는 천국에서 자행된 또 다른 살인(즉, 미니애폴리스에 벌어진 조지 플로이드의 죽음)이 촉발한 지속적인 분노의 표출을 대비시켜야 한다. 폭력적인 경찰의 행위를 규탄하는 흑인(에 국한되지 않는) 수천 명의 분노는 팬데믹과 직접적으로 연결되지 않음에도 불구하고, 그 시위의 배경에서 코로나바이러스로 인한 죽음의 통계가 전해주는 선명한 교훈을 찾기는 어렵지 않다. 즉, 흑인과 히스패닉은 백인 미국인보다 바이러스로 사망할 확률이 훨씬 더 높다. 그리하여 팬데믹은 미국에서 계급차별이 만들어낸 아주 구체적 결과를 초래했다. 이것은 단지 부와 가난의 문제가 아니라 말 그대로 삶과 죽음의 문제이기도 하며, 이 점은 우리가 경찰을 상대할 때나 코로나바이러스 팬데믹과 같은 건강의 위기를 다룰 때 모두 동일하다.

이렇게 해서 우리는 〈천국에서의 죽음〉의 출발 지점, 즉 희생자가 살인의 흔적을 지워 가해자를 돕는 숭고한 행위로 돌아온다. 이 행위는 정당화될 수 없지만, 절망에 빠진 인물의 행위로는 적어도 납득할 수 있다. 반인종차별 시위가 때때로 폭력적인 것은 맞지만, 우리는 〈천국에서의 죽음〉 에피소드에 나오는 희생자가 자신의 살인자에게 행한 것과 동일한 모종의 관대함을 이들에게도 보여주어야만 한다.

2부

급진적 정치학의 미래

9장

그레타와 버니는 어디에 있나?

코로나 사태를 관망하는 사람들에게 놀라움을 주는 사실 하나가 있다. 그레타 툰베리와 버니 샌더스Bernie Sanders는 대체 어디로 사라져버렸나? 코로나바이러스 감염에서 살아남은 것 같다는 짧은 메시지를 빼면, 그레타가 추동했던 운동에 관해 전해 듣는 것이 거의 없다. 버니의 경우엔 감염병 상황이 되자 전 세계에 걸쳐 필수적이라고 공인된 (전 국민 건강보험 같은) 조치들을 옹호하긴 했지만, 그 또한 어디에도 나타나거나 발언하지 않는다. 왜 코로나바이러스 감염병은 그 어느 때보다 지금 이 시기에 더 실질적인 프로그램과 통찰을 지닌 정치적 인물들에게 이런 영향을 끼쳤는가?

지난 몇 달 동안 코로나바이러스라는 화제가 생태적 관심사를 완전히 잠식했다. 미국에서 시작되어 전 지구로 번진 반인종차별 항의 시위에 잠깐 가려지기는 했지만 그건 고작 몇 주 동안이었다. 요즘 진행 중인 중요한 이념적이고 정치적인 투쟁은 코로나바이러스 감염병, 생태적 위기, 인종차별주의라는 세 가지 영역의 상관관계와 관련이 있다. 기득권 세력은 이 세 부문을 떼어놓거나 더 나아가 그것들이 서로 긴장관계를 형성하도록 압력을 가한다. 현재 우리가 할 일은 경제를 돌아가게 만드는 것이며, 이를 위해서는 생태적 문제를 조금 등한시해야 한다는 얘기가 자주 들린다. 혼란스러운 반인종차별주의 시위가 자주 사회적 거리두기를 위반하며 그 때문에 코로나바이러스 감염의 확산에 이바지하고 있다는 얘기도 들린다. 이런 식의 추론에 맞서기 위해서는 세 영역의 기본적 통일성을 강하게 내세워야 한다. 감염병은 우리가 자연환경과 맺고 있는 불균형한 관계가 원인이 되어 폭발한 것으로, 단순한 건강 문제에 불과하지 않다. 반인종차별주의 시위 역시 자가 격리와 더 나은 의료 혜택을 누릴 수 있는 백인 다수에 비해 인종적 소수자들이 감염병의 위협을 훨씬 더 많이 받고 있다는 사실 때문에 추가로 힘을 받게 되었다. 따라서 현재 우리가 대처하고 있는 위기는 전 지구적 자본주의 동력학의 계기들로 분출한 것이다. 바이러스 감염병, 인종차별의 불안 요소, 생태 위기 이 세 가지 모두는 예견되었을 뿐만 아니라 이미 수십 년 동안 우리 곁에 있어왔다.

반인종차별 시위를 두고 "오바마 행정부 8년 동안 미국 내 인종 관계에 실질적인 변화를 가져오는 데 실패한 이유가 무엇인가요?"라는 질문에 (미국 흑인 영화감독) 스파이크 리는 이렇게 응답했다. "아주 좋은 질문이네요. 그런데 흑인이 대통령이라는 바로 그 직접적인 사실로 인해 인종관계가 더 악화되었다고 봐야 합니다."* 왜 그런가? 오바마가 "골수 흑인답지 않아서"가 아니라, 자유주의적 좌파들이 지지하는 흑인 대통령의 이미지, 곧 자유주의적 게임의 규칙을 충실히 존중하는 성공한 흑인 미국인의 이미지를 그가 체현했기 때문이다. 이 항의 시위는 "이제 흑인이 대통령도 하는데 뭘 더 바라?"라는 정서에 난폭하게 응답한 것이다. 이 "더"를 움트게 하는 것이 우리의 임무이다.

오바마 대통령이 재임했던 8년 동안 2010년대의 전반적 경향이 무리 없이 진행되었다는 사실을 떠올려보자. 가난한 자와 부자의 간극은 넓어졌고, 거대 자본은 더 망각되었다. 〈굿 와이프The Good Wife〉 시리즈의 후속편에 해당하는 〈굿 파이트The Good Fight〉의 한 에피소드에서 여주인공은 힐러리 클린턴이 2016년 대통령 선거에서 트럼프를 물리치고 승리한 대체 현실에서 잠을 깬다. 그 결과는

---

* 「스파이크 리: 오늘날의 인종관계는 흑인이 대통령이었다는 사실에 대한 직접적인 반응이다」. "Spike Lee: 'Race relations today are a direct response to having a black president'", 〈theguardian.com〉, 2020년 6월 12일.

페미니스트 진영에 역설적이다. '미투MeToo'가 존재하지 않고, 와인스타인Harvey Weinstein에 맞선 광범위한 항의도 없다. 온건한 기득권 좌파 페미니스트들이 남성의 여성에 대한 괴롭힘에 대항하는 시위가 너무 강력해지면 클린턴이 남성의 표를 잃어 재선되지 못할까 두려워했기 때문이다. 또한 와인스타인은 클린턴 선거운동의 큰 손 기부자이기도 하다……. 이와 흡사한 일이 오바마에게도 벌어졌던 게 아닐까?

스파이크 리의 영화 〈맬컴 엑스〉(1992)에 기막힌 대목이 하나 있다. 맬컴이 한 대학에서 강연을 마친 다음 백인 여학생이 그에게 다가와 흑인 해방을 위한 투쟁에 자신이 무엇을 할 수 있는지 물어본다. 그는 학생에게 차갑게 "없어요"라고 대답한다. 그러고 지나쳐 가버린다……. 내가 이 일화를 수십 년 전에 써먹었을 때, 그러면 우리 백인은 흑인의 투쟁을 돕기 위해 아무것도 하지 말라는 뜻인 거냐는 비난을 받았다. 그러나 나의 (그리고 내 생각엔 맬컴의) 말뜻은 훨씬 분명했다. 백인 자유주의자들은 마치 자신들이 흑인을 해방시킬 것처럼 행동해서는 안 되며, 흑인 자신의 해방을 향한 투쟁을 도와야만 한다. 다시 말해, 흑인을 단순한 상황의 희생양이 아니라 자율적 행위자로 대해야만 한다.

자, 처음의 질문으로 돌아가보자. 공적 영역에서 그레타와 버니가 사라진 일은 더 통합된 목소리가 필요한 이 바이러스 위기의 시국에 걸맞지 않게 그들이 너무 급진적이라서가 아니다. 그렇기는 커녕, 그들은 충분히 급진적이지 않았다. 자신들의 프로젝트를 감염병의 조건에서 재활성화할 수 있는 포괄적인 새로운 전망을 제안하는 데 그들은 성공을 거두지 못했다.

10장

맞아요, 붉은 알약……
그런데 어떤 것?

원자핵 사고 이후 체르노빌 지역의 삶을 다룬 한 다큐멘터리*는 대피하라는 명령을 거부하고 국가 당국의 외면 속에 그 지역에 계속 살았던 한 평범한 농장 가족의 모습을 보여준다. 그들은 어떤 신비한 방사선도 믿지 않았는데, 땅이 거기 있고 삶은 그저 지속되기 때문이다. 다행스럽게도 방사능은 그들에게 심각한 영향을 미치지 않았다.

이 가족의 상황이 〈매트릭스〉의 저 유명한 장면, 곧 네오가 파란 알약이나 붉은 알약 중 하나를 선택해야만 하는 장면을 떠오르게

* [역주] 앤 보거트 감독, 〈체르노빌의 할머니들〉(2015).

하지 않는가? 파란 알약은 그가 평범한 현실로 알려진 상황에 머무를 수 있게 해주는 반면, 붉은 알약은 그를 깨어나게 해서 사물의 진정한 상태에 이르게 한다. 여기서 '현실Reality'은 물론 인공지능에 의해 조작된 가상의 집단적 환상이며, 우리의 몸은 인공지능 기계의 힘을 충전하는 인간 배터리로 사용된다. 체르노빌의 농부들은 파란 알약을 택해서 빠져나왔다. 과연 정말 그랬던가? 농부들 자신의 관점에서 보면, 파란 알약을 삼키고 방사선에 관한 거대한 거짓말을 믿었던 것은 그들을 둘러싼 세계이다. 농부들은 그 공포에 유혹되길 거부했고, 자신들의 일상 현실에 굳게 뿌리내린 채 버텨냈다.

우리는 붉은 알약을 선택하고 사회의 거대한 거짓말을 거부한 〈매트릭스〉의 은유가 어떻게 오늘날 새로운 포퓰리스트 우파에 의해, 특히 코로나바이러스와 관련해서 압도적으로 이용되는지 깨닫지 않을 도리가 없다. 일론 머스크는 팬데믹에 맞선 주류의 대응 태도를 '공포'와 '우둔함'이라고 부르면서 최근 이 포퓰리스트 우파의 대열에 합류했다.* 그는 자신의 트위터 팔로워들에게 "붉은 알약을 먹으라"고 호소했고, 그의 논평은 재빨리 자신은 이미

---

* 「테슬라 주주들이 일론 머스크의 '붉은 알약' 순간을 납득하기 위해 애쓰고 있다」. "Tesla owners try to make sense of Elon Musk's 'red pill' moment", 〈nytimes.com〉, 2020년 5월 19일.

그 알약을 먹었다고 공표한 이방카 트럼프의 호응을 얻었다. 우리는 일론 머스크의 아이러니를 파악해야 한다. 그는 일상으로의 복귀를 지지하는 와중에 자신의 뉴럴링크 프로젝트도 동시에 공개했다. 이 프로젝트의 비전은 인간 존재들을 집단적인 '네트워크로 연결된 두뇌'에 접속시켜 우리의 마음이 언어의 도움을 거치지 않고 서로 간에 직접 소통하게 만드는 것이다. 이것이야말로 '파란 알약 먹기'의 궁극적 표현이 아닌가? 즉 인간의 육체적 존재는 고립된 보호막에서 생성되는 반면, 인간의 마음은 공유된 가상의 공간에 거주하는 세계를 선택하는 일이 아닌가 말이다.

역설적이게도 포퓰리즘적 뉴라이트는 바로 이 지점에서 국가가 코로나바이러스 팬데믹 상황에서 자국민을 완전히 통제하려 한다는 음모론을 좇는 일부 급진 좌파와 합류한다. 그 가장 극단적 사례를 소개하자면 이렇다. 조르조 아감벤은 "원격 통신 수업이라는 새로운 독재에 동의하고 굴복해서 자신들의 수업을 오로지 온라인으로 개설하는 교수들은 1931년 파시즘 체제에 복종을 맹세했던 대학 교수들의 완벽한 등가물이다"라고 주장한다.* 이렇게 바이러스 팬데믹에 맞선 결연한 싸움을 거부하는 일은 이 문제를 다룬 올

* 조르조 아감벤, 「학생들을 위한 위령곡」. Giorgio Agamben, "Requiem for the students", 〈d-dean.medium.com〉, 2020년 5월 24일.

리비에 레이Olivier Rey의 책 제목에 가장 잘 집약되어 있다. 그의 책 『삶의 우상숭배*L'Idolâtrie de la vie*』는 전에는 우리가 신성하다고 여겼던 것이 삶을 초월했고, 우리는 이를 위해 기꺼이 목숨을 바칠 수 있었는데, 지금은 삶 자체가 신성한 것의 지위로 격상되었고, 우리는 벌거벗은 삶을 영위하기 위해 모든 것을 기꺼이 희생하려는 것처럼 보인다고 주장한다.

미국에서 계속되는 봉쇄를 둘러싸고 벌어지는 투쟁은 문화 전쟁 양상으로 바뀌고 있다. 가게들은 "마스크를 쓴 사람의 출입을 금지한다!"(쓰지 않은 사람이 아니라 쓴 사람!)고 쓰인 표지판을 걸어 놓고 있으며, 트럼프는 모든 교회, 유대인 회당, 그리고 이슬람 사원의 문을 열라고 명령했다. 이 글에서 내 목표는 팬데믹이라는 실재를 부인하는 사람들을 향해 손쉽게 비판을 퍼부으려는 것이 아니라 무엇 때문에 이들이 이러한 부인을 하게 되었는지 따져보는 것이다. "팬데믹은 퍼펙트 스톰, 즉 서너 개 이상의 폭풍들이 합쳐져 위력을 배가하는 가공할 폭풍으로 진화할 조짐을 보이고 있다." 그 폭풍 중 두 가지(의료 난국과 경제 위기)는 널리 논의되지만 다른 두 가지(확대되고 있는 국제 분쟁과 정신건강의 위기)는 주목을 훨씬 덜 받고 있다.

우리는 팬데믹이 모든 것을 바꾼 충격이었고, 이제 어떤 것도 전과 같지 않다는 얘기를 종종 듣는다. 맞다. 그렇지만 동시에 아무것도 실제로 바뀌지 않았다. 팬데믹은 단지 이미 존재했던 것을 좀 더 선명하게 부각시켰을 뿐이다. 휴대전화가 개인의 위치를 추적하는 데 이용되어 코로나바이러스의 확산을 막을 수 있다는 생각에 맞서는 수많은 자유지상주의적 반격이 벌어지고 있는데, 국가기구들은 이미 우리의 디지털 통신수단과 통화기록을 수년간 추적해왔다. 적어도 지금은 국가 기구들이 이러한 능력을 공개적으로, 우리에게 도움이 되는 형태로 활용하여 특정한 정보 데이터(우리의 위치)를 확증하기 위해 쓰고 있다. 훨씬 더 우려스러운 것은 중국과 미국 사이의 긴장관계에 나타난 최근의 변화로, 이는 팬데믹이 있기 이전에 이미 최고조에 이르렀다.

중국은 지금 홍콩에 대한 통제를 강화하기 위해 이 준準자치 상태의 도시를 들끓게 만들었던 시위를 베이징에서 직접 무력화할 수 있도록 허용하는 새로운 보안법을 통과시키려 한다. 이러한 조치는 1997년 베이징이 홍콩을 넘겨받은 이래 행한 가장 공격적인 조치로, 제대로 보도되지 못한 또 다른 사실과 견주어서 해석되어야만 한다. 국가위원회 대만 분과의 연례 보고서에 “1992년 합의”, 즉 “하나의 국가 두 체제”, “평화”, 혹은 “평화적인 통일”에 관한 언급이 전혀 포함되지 않은 것이다. 이는 시진핑이 2013년 집권한 이래 처음 있는 일로, 과거와의 중요한 단절을 뜻한다. 베이징이 대만과의 평화적인 통일이라는 관념을 포기한 것이 아닌가 싶다. 만일 중국이 홍콩에서 성공을 거둔다면, 대만을 폭력적으로 탈환하는 것이 다음 단계가 될 수 있으며, 이는 전면적인 태평양전쟁으로도 이어질 수 있다. 홍콩과 대만이 중국의 일부인 것은 맞다. 그러나 지금이 군사적 위협을 취할 시점인가? 이스라엘이 서안지구 일부를 병합할 계획이며, 미국은 핵무기 실험의 재개를 고려하고 있다는 보도 역시 상기해보자. 그리고 다른 많은 국가들은 팬데믹 상황을 이용하여 자신들의 일상화된 공격적 정치학을 훨씬 더 무자비하게 추구할 태세이기도 하다. 우리는 팬데믹 기간 동안 기꺼이 이성적인 일을 도모하거나 휴전을 받아들일 생각을 하지 않는 정신 나간 세계에 살고 있다.

광기는 우리에게 네 번째의, 앞선 세 폭풍에 비해 결코 덜 끔찍하지 않은 폭풍을 몰고 온다. 이 폭풍은 집단적 광기 그 자체, 혹은 우리의 정신건강이 붕괴하고 있다는 조짐이기도 하다. 그 조짐들은 이미 확대되고 있다. 이탈리아인 열에 여덟은 팬데믹을 극복하기 위해 정신적 도움이 필요하다고 말했다. 스페인에서는 거대 도심 지역의 아이들 절반이 악몽을 꾸고 있다. 미국에서는 수만 건의 자살이 예고된다. 이러한 경향은 놀랍지 않다. 우리 일상생활의 기반이 사라지고 있기 때문이다. 일상 습관이 붕괴되는 것을 목격함으로써 생기는 충격의 효과를 결코 과소평가해서는 안 된다. 일과 후에 선술집에서 술을 마시는 것 같은 평범한 일들이 불가능한 상황 말이다. 조지 오웰은 하층계급의 사교생활에서 선술집이 핵심 요소임을 알고 있었다. (예컨대 1946년에 쓴 「물에 잠긴 달」*을 보라.) 선술집은 하층계급이 공유하는 관습을 그들 스스로 긍정할 수 있는 장소인 바, 과연 이와 같은 선술집을 중심으로 하는 생활이 우리가 알고 있던 형태로 복귀할 수 있을지 의구심이 든다. 라캉은 이러한 공적 관습의 영역을 '대타자big Other' 즉 우리 삶의 상징적 본질이라고 불렀는데, 이 대타자가 해체되기 시작하면 정신병적 신경쇠약이 드러난다. 끔찍한 공포는 사회적 관습의 위반에 있지 않다. 오히려 공포는 이러한 관습들이 산산조각 나고 있으며 우리가 기댈 수 있는 탄탄한 기반이 없다는 사실을 깨닫게 될 때 분출한다.

진정한 붉은 알약을 먹는 일은 이러한 폭풍들의 위협에 대면할 힘을 모으는 것이다. 우리가 그 일을 할 수 있는 까닭은 상당한 정도까지 그 폭풍들이 우리에게 달려 있으며 우리가 이 어려운 시절에 어떻게 행동하고 반응할지에 달려 있기 때문이다. 옛날의 일상성으로 돌아가려는 꿈은 꾸지 말자. 그렇다고 집단적 정신 존재라는 새로운 포스트휴먼의 시대에 진입하려는 꿈도 꾸지는 말자. 현

* [역주] 이 에세이는 「물속의 달」이라는 제목으로 다음 책에 실려 있다. 조지 오웰, 『나는 왜 쓰는가』, 이한중 옮김, 한겨레출판, 2010.

재 진행 중인 팬데믹 덕분에 우리가 우리의 개별 육체에 뿌리를 두고 있음을 깨닫게 되었다. 그리고 바로 이 차원에서 우리는 싸움에 임해야만 한다.

11장

수행하기 어려운 단순한 것들

전통적 마르크스주의자들은 본격 공산주의와 그 진입 단계인 사회주의(돈과 국가가 아직 존재하고 노동자가 임금을 받는 체제)를 구별했다. 소비에트연방에서는 1960년에 자신들이 이런 경로에서 어디쯤에 도달한 것인지를 두고 논쟁이 있었다. 결론은 아직 완전한 공산주의는 아니지만, 여전히 낮은 단계(사회주의)에 머물러 있지도 않다는 것이었다. 그래서 그들은 사회주의를 낮은 단계와 높은 단계로 나누는 심화된 구분법을 도입했다. 이와 비슷한 일이 현재 코로나바이러스 팬데믹의 상황에서도 벌어지는 것이 아닐까? 한 달 전만 해도 2020년 가을과 겨울에 두 번째, 더 강력한 바이러스 유행이 당도할 것이라고 예측하는 미디어의 경고들이 넘쳐났다. 지금 도처에서 감염자가 치솟는 상황이 되자 어떤 사람들은 이것이 아직은 두 번째 유행이 아니며 여전히 지속되는 첫 번째 유행의 심화일 뿐이라고 주장한다.

이러한 분류상의 혼란은 세계 전역에서 감염 사례가 속출하면서 오로지 코로나바이러스 상황이 점차 심각해지고 있음을 확증할 뿐이다. 이제는 세계보건기구WHO 사무총장 테드로스 아드하놈 게브레예수스Tedros Adhanom Ghebreyesus가 최근 공표한 것과 같은 분명한 진실을 진지하게 받아들여야 할 때가 되었다. "인류가 현재 직면하고 있는 가장 큰 위협은 바이러스 자체가 아닙니다. 오히려 전 지구적 차원에서, 그리고 각 국가적 차원에서 지도력과 연대의식이 부족하다는 점입니다. 코로나바이러스 팬데믹은 전 지구 차원의 연대와 지도력을 시험하는 무대입니다. 바이러스는 분열에서 번창하지만 우리가 힘을 합치면 물리칠 수 있습니다."* 이 진실을 진지하게 받아들인다는 것은 우리가 국제적 차원의 분열뿐만 아니라 각 나라 내부의 계급 분화 역시 고려해야 한다는 뜻이다. 필립 올스턴Philip Alston은 〈가디언〉에 다음과 같이 썼다. "코로나바이러스는 이미 존재하던 가난이라는 팬데믹의 뚜껑을 열었을 뿐이다.

* 「통합의 결여가 코로나바이러스보다 더 큰 위협이다」. "Lack of unity is a bigger threat than coronavirus, WHO chief says in emotional speech", 〈npr.org〉, 2020년 7월 9일.

가난, 극단적 불평등, 인간의 생명에 대한 경시가 판을 치는 세상, 그리고 법적이고 경제적인 정책들이 가난을 종결시키기보다 권력을 가진 사람들을 위한 부가 창출되고 유지될 수 있게 설계된 세계에 코로나바이러스가 우리를 도달하게 한 것이다."* 결론은, 우리가 가난이라는 팬데믹을 동시에 공격하지 않는다면 바이러스 팬데믹을 봉쇄할 수 없다는 것이다.

이 일은 원리적으로는 쉽게 해결할 수 있다. 우리가 보유한 수단과 자원을 이용하여 의료보장 시스템을 구조조정함으로써 위기의 순간에 사람들에게 필요한 의료 혜택을 제공하는 것이다. 그렇지만 브레히트의 희곡 『마더 *The Mother*』에 나오는 "공산주의를 찬양하며 In Praise of Communism"의 마지막 대사를 인용해서 말해보자면, "단순한 것을 행하기가 가장 어렵다." 이 일을 그토록 어렵게 만드는 여러 가지 장애물이 있고, 무엇보다도 전 지구적 자본주의 질서가 존재한다. 그러나 나는 여기서 이데올로기적 장애물에 초점을 맞추고 싶다. 우리의 삶을 규제하는, (특히) 위기의 시국에는 더욱 그러한, 반쯤 의식된, 심지어 무의식적인 태도, 편견, 환상 들이라는 의미에서의 이데올로기 말이다. 이 작업에는 정신분석 이데올로기

---

* 필립 올스턴, 「코로나19는 부자들에게 혜택을 주는, 이미 존재하던 가난이라는 팬데믹을 보여주었다」. Philip Alston, "Covid-19 has revealed a pre-existing pandemic of poverty that benefits the rich", 〈theguardian.com〉, 2020년 7월 11일.

이론이 필요하다.

내 책에서 나는 종종 루이스 부뉴엘Louis Buñuel의 여러 영화들을 거론했다. 부뉴엘이 "단순한 욕망을 성취하는 일의 설명할 수 없는 불가능성"이라고 부른, 동일한 중심 모티프를 축으로 만들어진 영화들이다. 〈황금시대〉(1930)에서 한 커플은 자신들의 사랑을 완성하고 싶어 하지만 거듭하여 발생하는 터무니없는 사건들 때문에 방해를 받는다. 〈범죄에 대한 수필〉(1955)에서는 주인공이 단순한 살인을 저지르고자 하지만 모든 시도가 실패로 돌아간다. 〈절멸의 천사〉(1962)에서는 파티가 마무리된 뒤 한 무리의 부유한 사람들이 집을 떠나려 하지만 문지방을 넘어가지 못한다. 〈부르주아의 은밀한 매력〉(1972)에서는 두 커플이 함께 저녁을 먹고 싶어 하지만 예상치 못한 복잡한 일이 항상 벌어져 이 단순한 소망을 성취하지 못한다. 마지막으로 〈욕망의 모호한 대상〉(1977)에서는 일련의 속임수를 통해 자신의 늙은 연인과 재결합하는 결정적 잠자리를 계속 미루는 한 여성의 역설을 마주한다. 코로나바이러스 팬데믹에 대한 우리의 대응도 아주 흡사하다. 우리 모두는, 무엇을 해야 할지 어떤 식으로든 알고 있지만, 이상한 운명이 그렇게 하지 못하게 막고 있다.

코로나바이러스 감염이 다시 치솟고 있는 상황에서 새로운 규제 조치들이 공표되고 있는데, 이번에는 전면 봉쇄로 돌아가지는 않을 것이라는 암묵적 (때로는 명시적인) 단서가 달려 있다. 공적 활동은 계속될 것이다. 이 단서는 많은 사람들의 즉각적인 외침을 반향하고 있다. "다시 (전면 봉쇄를) 받아들일 수는 없어요! 우리의 일상을 돌려주세요!" 왜 그런가? 봉쇄는 (베냐민의 "정지 상태의 변증법"을 뒤바꿔 표현하면) 변증법이 없는 정지 상태였나? 격리와 방역의 규칙들에 복종해야만 한다고 해서 우리의 사회적 삶이 정지 상태에 처하는 것은 아니다. 정지 상태로 보이는 것 같은 순간에도 상황은 획기적으로 변하고 있다. 봉쇄에 대한 거부는 정지 상태가 아니라 변화에 대한 거부다.

이를 무시하는 일은 일종의 집단적 정신병과 하등 다를 것이 없다. 봉쇄에 저항하는 외침에서 나는 '일상이 정신병의 한 형태다'라는 자크 라캉의 주장을 뜻하지 않게 확증해주는 얘기를 듣는다. 현재 일상으로 복귀를 요구한다는 건 바이러스라는 실재를 정신병적으로 폐제*한다는 뜻이다. 즉 마치 감염이 실제로 벌어지지 않은 것처럼 계속 행동하는 것이다. 도널드 트럼프가 했던 발언을 보자. 그는 팬데믹의 실제 범위를 잘 알고 있지만, 마치 자신이 전혀

* [역주] foreclosure/verwerfung, 정신질환자들이 특정한 무의식의 표상을 마치 존재하지 않는 것처럼 상징계로부터 배제하는 증상을 가리키기 위해 프로이트가 사용한 개념. 여기서는 바이러스의 현실을 도착적으로 부인하는 것이 아니라 마치 아예 존재하지 않는 것처럼 정신병적으로 거부한다는 의미로 쓰고 있다.

알지 못한다는 듯이 발언하고 행동했다. '좌파 파시스트들'이 현재 미국이 당면한 주요한 위협이라는 둥 떠들며 극렬하게 공격했다. 그러나 트럼프는 우리가 생각할 수 있는 것보다 훨씬 덜 예외적이다. 감염병이 새롭게 치솟았음에도 불구하고 경제와 사회를 계속 재개방한다는 소식을 우리는 뉴스에서 주기적으로 읽는다. 더할 나위 없는 아이러니로 뒤틀린 채, 일상으로의 복귀는 결국 최고의 정신병적 제스처, 집단적 광기의 조짐이 되어간다.

물론 이는 팬데믹이 가져온 심리적 충격에 관한 진실의 전부가 아니다. 위기의 시대에 대타자(우리의 상호작용을 규제하는 실질적 상징질서)는 해체되면서 그 질서의 비효율성을 노정하는 동시에 (우리의 행위를 지시하는 엄격한 명령을 우리에게 퍼부어버림으로써) 그 지배력을 강화한다. 다시 말해, 정신병적 폐제는 팬데믹에 맞선 유일한, 혹은 지배적인 대응조차 아니다. 강박적 태도 역시 넓게 퍼져 있으며, 우리 중 많은 사람은 감염의 위험을 물리치기 위해 실행하는 방어적 의식을 즐기고 있다.* 우리는 강박적으로 손을 씻고, 다른 사람들과 우리 스스로를 만지려고 하지 않으며, 집안의 모든 물건의 표면을 닦는 등의 일을 한다. 이는 강박증 환자가 행동하는 방식이다. 사물 향유thing-enjoyment가 금지되어 있기에,

* 매슈 플리스페더Matthew Flisfeder와 나눈 개인적 대화에 빚졌다.

강박증 환자들은 성찰적 방향 전환을 행하여 사물 향유를 적당한 거리에 두는 바로 그 조치를 즐기기 시작한다. 아니면 코너 매코맥 Conor McCormack이 팬데믹에 대한 일반적인 대응을 임상적 구조와 연결해 간결하게 표현한 것과 같은 상태가 된다. "멜랑콜리아는 '상관없어, 난 이미 죽었거든', 정신분열증은 '난 모르고 있었네', 편집증은 '이런 일이 생길 줄 알았어', 강박신경증은 '규칙을 따르면 우린 괜찮을 거야', 히스테리는 '여기 책임자가 누구죠?'이다."*

코로나바이러스 팬데믹의 심리적 효과를 이런 식으로 분류하는 데 따르는 복잡성은 팬데믹에 관한 우리의 지식이 현실에 양면적으로 영향을 미치면서 훨씬 더 복잡해진다. 헤겔은 우리가 역사로부터 아무것도 배우지 못한다고만 말했던 것이 아니라 우리가 역사로부터 배울 수 있는 유일한 것은 역사에서 아무것도 배울 것이 없다는 사실이라고도 말했다. 우리가 과거의 재앙에 반응하며 더 나은 가능한 미래를 위해 그 재앙을 우리의 체제 속에 포함시킨다는 뜻에서 우리는 물론 "역사로부터 배운다." 예컨대 제1차 세계대전의 참혹함이 끝난 다음 사람들은 완전히 공포에 빠졌고, 장래의 전쟁을 막기 위해 국제연합을 만들었다. 그러나 그랬음에도 불구하고 제2차 세계대전이 잇따랐다.

* Why Theory(팟캐스트), "Coronavirus and Its Discontents", 〈poddtoppen.se〉

나는 여기서 한 명의 헤겔적 염세주의자이다. 모든 애도의 작업, 모든 재난의 상징화는 무언가를 결핍하고 있으며 새로운 재난으로 향하는 길을 열어놓는다. 앞에 놓인 위험을 안다고 해도 그 일을 피할 수 없다. 오이디푸스의 신화를 예로 들어보자. 오이디푸스의 부모는 어떤 일이 벌어질지 알았고, 재앙은 그들이 그것을 피하려고 노력했기 때문에 생겨났다. 그들에게 무슨 일이 일어날지 알려준 예언이 없었다면, 아무런 재앙도 없었을 터이다. 우리의 행동은 결코 자명하지 않고, 우리는 자신이 무슨 일을 하는지 혹은 무슨 결과가 나올지 완전히 알지 못한다. 헤겔은 이 점을 알고 있었다. 그래서 그가 '화해reconciliation'라고 부른 것은 이성의 승리가 아니라 우리 행위의 비극적 차원을 받아들이는 일이다. 설사 우리가 의도하지 않았더라도 우리는 행위의 결과를 겸허하게 받아들여야 한다. 러시아 공산주의자들은 스탈린주의의 공포를 원하지 않았고, 그것은 자기들 계획의 일부도 아니었다. 하지만 그런 일이 벌어졌고, 어떤 의미로든 그들에게 책임이 있다. 코로나바이러스 팬데믹의 경우도 이와 다름없다면 어떻게 될까? 우리가 팬데믹과 싸우기 위해 취하는 어떤 조치들이 의도와 달리 새로운 재앙을 배태한다면 어쩔 것인가?

헤겔의 관념론을 팬데믹 현실에 적용하는 방법이 여기에 있다. 또한 우리는 환상의 도움이 없는 현실은 없다는 라캉의 주장도 명심해야 한다. 환상은 우리가 현실로 경험하는 것의 틀을 제공한다. 우리가 처한 사회적 현실로서 코로나바이러스 팬데믹은 따라서 환상과 현실의 혼합물이기도 하다. 우리가 바이러스를 어떻게 지각하고 어떻게 대응하는지와 관련된 모든 틀은 다른 환상들, 바이러스 자체의 본성, 바이러스가 사회에 끼치는 충격의 원인 등과 같은 것에 대한 환상에 의해 뒷받침된다. 많은 사람들이 환경오염, 기근, 그리고 전쟁으로 이미 죽어가고 있는 시점에 코로나바이러스가 세계를 거의 정지 상태로 몰아갔다는 사실은, 이 환상적 차원을 선명하게 알려준다. 우리는 코로나바이러스가 사소한 문제에 불과한 사람들이 있다는 것을 잊는 경향이 있다.

이 말은 우리에게 희망이 없다는 뜻인가? 에티엔 발리바르Étienne Balibar는 (버크벡 대학 여름학교 토론회에서) 내 질문에 답을 하면서 "이 위기가 '거대한' 위기(이 점엔 나도 동의한다)라서 모든 '투쟁들'이 (우리가 "단결하자! 단결하자!" 하고 한껏 소리 높인다면) 잠재적으로 하나의 독특한 혁명적 운동으로 합쳐질 거라는 관념은 내 생각엔 다소 순진하게 느껴진다. 어떤 장애물이 남아 있기 마련이다! 사람들은 먼저 살아남아야 한다"고 말했다. 하지만 내 생각엔 우리가 정말로 살아남고자 한다면 새로운 형태의 공산주의와 같은 일이 등장해야만 할 것이다! 지난 몇 주 동안 무언가가 증명되었다면, 그것은 전 지구적 자본주의로는 코로나바이러스 위기를 통제할 수 없다는 것이다. 왜 못할까? 토드 맥거원Todd McGowan이 지적했듯, 자본주의는 그 핵심에서 희생을 요구한다. 이윤을 곧바로 소비하는 대신 재투자를 해야 하기에 완전한 만족은 영원히 미뤄진다.* 모차르트의 오페라 〈돈 지오반니〉의 마지막 장에서 지오반니는 "내 맘대로 돈을 써버렸으니 나는 행복해지고 싶다"라고 의기양양하게 노래한다. 이것보다 더 반자본주의적인 구호는 상상하기 힘들다.

자본가는 행복해지기 위해서가 아니라 더 많은 돈을 벌기 위해 돈을 쓴다. 하지만 이 희생은 그 자체로 경험되지 않고 감추어진다. 자본가는 나중의 이윤을 위해 지금 희생한다. 팬데믹으로 인해 자본주의의 희생적 진실이 노출되었다. 우리는 경제가 굴러가게 만들기 위해 지금 우리의 목숨(적어도 목숨의 일부)을 대놓고 희생하라는 요청을 받고 있는데, 나는 이 생각을 지지하는 사람 중 일부가 60세 이상의 사람들은 자본주의적 삶의 방식을 구하기 위해 죽음을 받아들여야만 한다고 요구했던 일을 언급하고 있는 것이다. 물론 광부, 철강 노동자, 포경 선원 같은 위험한 직종의 노동자들은 수백 년 동안 자신들의 목숨을 걸고 일해왔지만 (식민화의 공포는 말할 것도 없다) 그 위험은 이제 직접적으로 확연하며 가난한

* 토드 맥거원과 나눈 개인적 대화.

사람들에게 국한되지도 않는다. 사람들이 전보다 훨씬 더 갑작스럽게 죽음에 노출되는 방식으로 일상의 삶이 전환되는 이 상황에서 자본주의가 살아남을 수 있을까? 그럴 수 없을 거라고 나는 생각한다. 이 전환은 자본주의를 기능할 수 있게 만드는 끊임없이 지연되는 향유의 논리를 약화시킨다.*

더 많이, 더 새롭고, 더 색다른 물건을 생산하려는 중단 없는 자본주의의 추동력 이면에는 중고차량과 컴퓨터가 산더미처럼 쌓인 현장에서부터 모하비 사막의 그 유명한 비행기 '무덤'에 이르기까지, 쓸모없는 쓰레기더미의 증가가 있다. 활력 없고 고장 난 '물건'이 이렇게 갈수록 무더기로 늘어나는 것을 보다 보면 자본주의의 추동력이 작동을 멈춘 것만 같다. 코로나바이러스 방역으로 인해 최근 우리의 일상생활이 멈추어버렸을 때도 비슷한 걸 느끼지 않았던가? 우리는 느닷없이 우리가 매일 이용하던 건물과 사물(가게, 카페테리아, 버스, 기차, 비행기 등)이 닫힌 채 원래의 기능을 잃고, 그 자리에 그저 정지한 모습을 보게 되었다. 이것이 우리의 실

---

* 코로나바이러스 세계에 자본이 어떻게 적응하려고 애쓰는지 보여주는 가장 최근의 사례를 거론해보자. "에미레이트 항공은 사람들이 다시 항공편을 이용하도록 독려하기 위해 무료 코로나바이러스 보험을 제공하는 첫 번째 항공사가 되었다. 만일 여행 중에 코로나바이러스에 걸리면, 승객들은 의료적 치료, 호텔 격리, 그리고 심지어 장례까지 보장받는다." 마지막 항목은 너무 터무니없어 보험 항목이라고 말할 수도 없다. 내가 죽으면 그냥 죽는 거지, 내 장례 비용을 왜 신경 써야 하나?

제 삶에서 우리에게 부과된 일종의 '정지 상태epoché'('사용의 중지'를 뜻하는 후설적 의미)는 아니었을까? 그러한 순간에 우리는 생각을 해야만 한다. 전과 동일한 시스템이 매끄럽게 기능하는 상태로 돌아가는 일이 정말 가치가 있을까?

진짜 역경은 봉쇄와 격리가 아니라 우리 사회가 다시 움직일 채비를 갖추면서 이제 막 시작되었다. 나는 이미 코로나바이러스가 전 지구적 자본주의에 끼치는 영향을 타란티노 감독의 〈킬빌 2〉(2004)의 마지막 장면에 나오는 '오지심장파열술'*에 비유한 적이 있다. 이는 공격 상대의 몸에 있는 다섯 개의 서로 다른 혈자리를 손끝으로 한꺼번에 타격하는 기술인데, 공격 상대는 움직이지 않는 한 목숨을 부지할 수 있지만 일단 일어나서 다섯 걸음만 떼면 심장이 폭발한다. 코로나바이러스 팬데믹이 전 지구적 자본주의에 끼친 영향이 이와 꼭 같지 않을까? 봉쇄와 격리 상태는 상대적으로 유지하기 쉽다. 이 상황이 휴가를 보내는 것과 유사하게 한시적이라는 것을 알고 있기 때문이다. 문제는 이 상황에서 벗어나 새로운 삶의 형태를 발명해야 할 때 생겨난다. 옛날로 돌아갈 수 없기 때문이다. 다시 말해, 진짜로 어려운 시간은 지금 다가오고 있다.

---

* [역주] 다음 글을 참고하라. 「바이러스의 사막에 잘 오셨습니다」, 슬라보예 지젝, 『팬데믹 패닉』, 강우성 옮김, 북하우스, 2020, pp. 56~57.

2021년 초에 〈크리티컬 인콰이어리〉에 실린 「2020년 현재시제Present Tense 2020」에서 윌리엄 존 토머스 미첼W. J. T. Mitchell은 감염병의 시간성을 고대 그리스의 삼원 존재인 크로노스, 아이온, 그리고 카이로스라는 렌즈를 통해 해석한다. 크로노스는 살아 있는 모든 것이 피할 수 없이 죽음에 이르는 가차 없는 직선적 시간을 구현한다. 아이온은 순환적 시간의 신, 계절과 천체 주기의 신, 입으로 꼬리를 물고 있는 뱀의 모습으로 현신한 영원한 회귀(반복)의 신이다. 카이로스는 위협과 희망의 이중적 측면을 지니고 있다. 기독교 신학에서 카이로스는 숙명적 결단의 순간, 예수의 탄생과 같이 "새로움이 지상에 생겨나는" 순간이다.

대부분의 감염병과 마찬가지로 코로나바이러스 팬데믹은 크로노스나 아이온의 측면에서 대체로 해명된다. 팬데믹은 연대기적 만물의 흐름에 있는 사건으로서 좋지 않은 계절처럼 머지않아 바뀌게 될 바닥 지점을 뜻한다. 내가 바라는 바는 팬데믹이 카이로스의 논리를 따르게 되는 것이다. 재앙으로 인해 우리가 새로운 시작을 모색하게 될 시간을 희망한다. 수많은 자유주의자들에게 예상치 못한 트럼프의 출현은 카이로스의 시간이었다. 무언가 새로운 것이 기득권 질서의 기반을 산산조각 낸 시간이었다. 하지만 나는 트럼프가 우리 사회에서 이미 잘못되어 있던 것의 증상에 불과하다고 생각한다. 우리는 여전히 새로운 것이 생겨나기를 기다리고 있다.

우리가 새로운 사회적 삶의 방식을 창안하지 못하면, 우리의 상황은 그냥 조금 더 나빠지는 데 그치지 않고 훨씬 더 악화될 것이다. 다시 한번 강조하면, 내 가설은 코로나바이러스 팬데믹이 우리가 인간이 되는 일의 기본적 의미를 포함해 모든 것을 다시 생각하게 될 새로운 시대를 공표한다는 것이다. 그리고 우리의 행동은 우리의 생각을 따라야 한다. 어쩌면 지금 우리는 포이어바흐에 관한 마르크스의 열한 번째 테제*를 뒤집어야만 할지 모른다. "20세기에 우리는 세계를 너무 빠르게 바꾸려 노력했고, 지금은 그 변화를 새롭게 따져볼 시간이 도래했다."

---

* [역주] "철학자들은 지금껏 여러 방식으로 세계를 해석해왔다. 그러나 중요한 것은 세계를 바꾸는 것이다."

12장

전시 공산주의

유럽에서 팬데믹이 폭발하는 상황이 되니 우리에게 '전시 공산주의'라고 밖에는 부를 수 없는 어떤 판형이 필요하다는 사실이 점점 더 분명해지고 있다. 유럽 전역이 팬데믹에 국한되지 않는 병폐에 대처하기 위해 엄격한 규율과 경제를 시행하는 비상사태에 직면했다. 2020년 10월 27일 보도된 「과학자들이 북극의 메탄 매장층에서 가스가 '누출되기' 시작했다고 말하다」라는 기사를 보면 우리를 기다리고 있는 또 다른 병폐를 알 수 있다.

과학자들이 북극해에 얼어 있던 메탄 매장층("탄소 주기의 잠자는 거인sleeping giants of the carbon cycle"으로 알려진 퇴적층)에서 메탄

이 누출되기 시작했다는 증거를 찾아냈다. 누출이 확인된 곳은 동부 시베리아 해안의 대륙붕 사면에 걸친 광범위한 지역이다. 러시아 근처 랍테프해의 350미터 깊이에서 잠재적으로 온실가스가 될 수 있는 높은 수치의 가스량이 관측되었다. 연구자들 사이에서는 지구온난화의 속도를 가속할 수 있는 새로운 '기후 되먹임 고리climate feedback loop'가 촉발될 수도 있다는 우려의 목소리가 나오고 있다.*

이상의 사태는 혹 우리가 끝이 보이지 않는 전시 공산주의에 우리 자신을 의탁하고, 우리에게 익숙한 사회적 자유를 잊어야 한다는 것을 뜻하는가? 물론 그 사회적 자유가 실제로 보이는 것보다 훨씬 더 제한적이었다는 사실을 차치하더라도, '전시 공산주의'라는 영점零點을 통과해야만 다가올 새로운 자유를 위한 공간을 열어 둘 수 있다는 점은 역설이 아닐 수 없다. 과거의 삶의 방식에 집착한다면, 우리는 분명 새로운 야만주의에 귀착될 것이다. 미국과 유럽에서 이 새로운 야만인들이 등장하고 있다. 그들은 개인의 자유와 존엄을 앞세워 팬데믹에 대응하는 조치에 맞서 격렬한 시위를

* "Arctic methane deposits 'starting to release', scientists say", 〈theguardian.com〉, 2020년 10월 27일.

벌이고 있다. 재러드 쿠쉬너Jared Kushner 같은 사람은 지난 4월에 트럼프가 '의사들로부터' 미국을 되찾아왔다고 허풍을 떨었다.*

방역 마스크를 쓰는 일에 반대하는 입장인 조르조 아감벤은 레비나스를 거론하면서, 얼굴이 내게 말을 걸며 이를 통해 나를 현존하는 권력과 양립하지 않는 관계에 초대한다는 주장을 들먹였다. 다른 사람의 신체 일부인 얼굴이 타자의 측정 불가능한 타자성의 심연을 촉발한다는 것이다. 아감벤은 마스크가 얼굴을 가림으로써 인간의 얼굴에 투영되는 그 비가시적 심연 자체를 보이지 않게 만든다고 단호하게 결론짓는다…….** 진짜로? 이 주장에는 프로이트식으로 명확하게 답변할 수 있다. 프로이트는 왜 분석 임상(이른바 예비 면담 이후에 분석이 진지한 단계로 진행되는 단계)에서 환자와 분석가가 서로의 얼굴을 마주보지 않는지 그 이유를 잘 알고 있었다. 얼굴은 가장 근본에 있어서 허위, 즉 궁극적 가면이기에 분석가는 오로지 얼굴을 들여다보지 않음으로써만 타자의 심연에 접근하기 때문이다. 우리는 여기서 토머스 드 퀸시Thomas De Quincey의 『예술 분과로서의 살인*On Murder Considered as One of the Fine Arts*』에 나

* "Jared Kushner bragged in April that Trump was taking the country 'back from the doctors'", 〈edition.cnn.com〉, 2020년 10월 29일.

** 「마스크는 팬데믹 시대의 문화적 아이콘이다」. "The mask is the cultural icon of the pandemic", 〈indianexpress.com〉, 2020년 9월 24일.

오는 유명한 대목의 새로운 판본을 쉽게 떠올릴 수 있다. "한 사람이 일단 살인에 몰두하게 되면 곧 이어 그는 강도질을 하찮게 생각하게 되며, 그 다음에 그는 강도질로부터 음주와 안식일 위반으로, 그리고 그것으로부터 무례함과 미루기로 나아간다." 아감벤의 판본은 이렇다. 한 사람이 일단 그 당시에는 그에게 별 의미가 없는 듯했던 인간의 얼굴이라는 레비나스의 개념을 찬양하는 데 몰두하게 되면, 곧 이어 그는 코로나바이러스 팬데믹의 위협을 부정하는 일로 나아간다. 우리는 맨 얼굴이 아니라 마스크로 가린 얼굴에 더 많은 '인간성'이 있다는 엄중한 사실을 깨달아야 할 것이다.

그렇지만 다시 한번, 이 문제가 아감벤이 의미하듯 우리가 인간됨의 핵심인 열린사회의 영역을 포기하고 과학과 기술이 조종하는 고립된 생존 기계로 변한다는 뜻일까? 집에 불이 났을 때, 용기를 내서 평상시처럼 행동하다가 끝내 위엄을 지닌 채 죽어야 한다는 말인가?* 손쉬운 유사 헤겔적 출구는 여기서 인간됨의 개념을 역사화하여 우리의 전통적 인간됨이 새로운 차원으로 '지양aufgehoben'되어야 한다고 주장하는 것이다. 사정은 이보다 더 복잡하다. 정말로 헤겔적인 역설은 오늘날 미국의 구체적인 상황에서

* 그의 최근 발언 참조. 조르조 아감벤, 「집이 불타고 있을 때」. Giorgio Agamben, "When the house is on fire", 2020년 10월 28일. https://url.kr/yce1si

"모든 목숨이 소중하다"라는 보편적인 주장을 할 수 있는 유일한 방법이 "흑인의 목숨은 소중하다"라고 주장하는 데 있다는 사실이다. 흑인에 대한 억압이 오늘날 보편적 억압의 징후적 지점이자 탁월한 사례이기 때문이다. 우리가 "왜 흑인의 목숨만 중요해? 모든 목숨이 소중해!"라고 말하는 순간, 그러한 칭얼거림은 보편적 억압의 중요성을 잘라버린다. 이와 유사하게 히틀러 집권기의 독일에 관해 만일 우리가 "그런데 왜 그렇게 반유대주의에 초점을 맞추는 거지? 다른 종족들도 마찬가지로 억압받는다고!"라고 말한다면 우리는 반유대주의로 예시된 나치 인종차별주의의 진짜 끔찍함을 흐려버리게 될 터이다. 나아가 우리는 여기서 마찬가지 경우가 팔레스타인을 다루는 문제와 관련해서 오늘날의 이스라엘에도 해당한다고 덧붙여야만 한다. 오늘날 이스라엘에서 진정으로 인종차별에 반대하는 유일한 길은 이스라엘 국가가 팔레스타인 사람들을 대하는 방식이 인종차별적임을 인정하는 것이다.

여기에 헤겔의 '구체적 보편성concrete universality'이 놓여 있다. 특정한 종種에는 자신의 '대립적 결정oppositional determination'에서 스스로와 마주하게 되는 하나의 속屬이 항상 존재한다. 혹은 『정치경제학 비판 요강』의 서문에 나오는 자주 인용되는 구절에서 마르크스가 지적했듯, "모든 사회구성체에는 나머지 형태들을 지배하는 하나의 특수한 형태의 생산이 존재한다. 이 지배적 생산관계는 따라서 다른 생산관계들에 순위를 부여하고 영향을 미친다. 이것은 다른 모든 특징을 희석시키고 그것들의 개별성을 변형시키는 일반적 발현이다. 이 특정한 에테르는 그 내부에서 구체화되는 모든 존재의 특수한 중력을 결정한다." 마르크스는 곧 이어 하나의 사례를 제시한다. "중세시대에 전통적인 장인의 도구 형태였던 자본 그 자체(순수한 화폐 자본과는 다른)는 지주 소유의 성격을 띠었다. 부르주아 사회에서는 정반대다. 농업이 점점 더 산업의 일부가 되어가고 자본에 완전히 지배된다."* 물론 여기서는 문제가 훨씬 더 복잡하다. 보편성의 특정한 역사적 형태들 중에 이 보편성이 그 자체로, 추상성으로 드러나는 단 하나의 특정한 형태가 존재한다. 마르크스에게 노동의 사례는 "모든 시대에 해당하는 타당성에도 불구하고 가장 추상적 범주조차 그 추상성의 특수한 성격에 있어 그 자체로 역사적 관계의 생산과 동일하며, 이 관계를 위해서, 그리고 오로지 이 관계 내에서만 완전히 타당함을 선명하게 보여준다."

그렇지만 여기서 우리의 관심을 끄는 것은 어떻게 구체적 보편성이라는 동일한 논리가 인종차별주의에도 적용되는지이다. 마르크스의 얘기를 풀어보자. 모든 사회구성체에는 나머지 인종차별주

* 마르크스, 『정치경제학 비판 요강』. 다음 판본을 참고했다. https://www.marxists.org/archive/marx/works/1857/grundrisse/ch01.htm

의를 지배하는 하나의 특정한 인종차별주의가 존재한다. 지배적 인종차별적 관계는 따라서 다른 인종차별적 관계들에 순위를 부여하고 영향을 미친다. 이것은 다른 모든 특징을 희석시키고 그것들의 개별성을 변형시키는 일반적 발현이다. 현재의 미국에서 이 지배적 인종차별주의는 반흑인 인종차별이고, 나치 독일에서는 반유대주의 인종차별이며, 현재의 이스라엘에서는 반팔레스타인 인종차별이다.

그런데 헤겔적 관점에 따르면 여기서 제3의 항목인 무언가가 더 필요하다. "흑인의 목숨은 소중하다"를 둘러싼 지속적인 논쟁(차라리 "모두의 목숨이 소중하다"고 말해야 하는 것 아닌가와 같은 얘기)을 향한 진정한 응답은 미국에서 지금 회자되고 있는 기막히게 잔인한 이미지 몽타주에 담겨 있다. (앞서 언급했던, "어떤 목숨도 소중하지 않다"고 쓰인 포스터를 손에 들고 있는 스탈린의 이미지이다.) 이 자극적 영상은 목숨만 부지하는 삶이 아니라 자유롭고 동등한 시민으로서 존엄을 요구하는 진실을 담고 있다. 코로나바이러스의 위험이 커지는 때, 그들이 항의하는 이유는 여기에 있다. 따라서 궁극적 역설은 팬데믹과 싸우는 사람들(많은 의사와 의료 인력 들)이 자신의 목숨을 무릅쓰면서까지 단순한 생존 그 이상의 것을 위해 이 싸움을 벌인다는 사실이다.

13장

민주주의의 한계

미국 대통령 선거 몇 주 전에 서로 다른 형태의 포퓰리스트 저항 세력이 단일한 기치 아래 뭉쳤다. "미국 대통령 선거의 마지막 국면에서 무장 민병대 집단이 음모론자 및 백신 거부자 집단과 연합했다. 이들은 코로나바이러스 팬데믹이 사기라고 주장하며, 선거일을 앞두고 말썽을 빚을지도 모른다는 우려를 증폭시키고 있다. 반反정부와 반反과학을 선동하는 주동자들은 주말에 가장 큰 규모의 민병대 집단 중 하나의 설립자와 합류하여 힘을 합쳤다."* 여기

---

* 「미 민병대가 선거를 앞두고 음모론자들과 손을 잡다」. "US militias forge alliances with conspiracy theorists ahead of election", 〈theguardian.com〉, 2020년 10월 14일.

에는 세 가지 차원이 작동하고 있다. (큐어넌* 같은) 음모론자, 코로나바이러스 거부자, 난폭한 민병대가 그것들이다. 이 세 차원은 종종 일관성이 없고 상대적으로 독립적이다. 음모론자들은 팬데믹의 현실을 부정하지는 않지만 그것을 미국을 파괴하려는 (중국의) 음모로 본다. 팬데믹 배후에 음모가 있다고 보는 것은 아니고 단지 그 위험의 심각성만을 부정하는 코로나바이러스 거부자들(아감벤 등)도 있다. 하지만 이 세 차원은 현재 함께 움직이고 있다. 난폭한 민병대는 스스로를 트럼프의 재선을 방해하는 심층 국가의 음모로 인해 위협받는 자유의 수호자로 정당화하고 있으며, 팬데믹을 음모의 핵심 요소라고 간주한다. 만일 트럼프가 재선에 실패한다면 이 음모의 결과일 것인 바, 트럼프의 낙선에 맞선 저항은 정당하다는 얘기다. 여기서 2020년 10월 29일, 전직 교황청 주재 미국 대사이자 프란치스코 교황의 공공연한 적수인 비가노Carlo Maria Viganò 대주교의 사례를 살펴보자.

> 대주교가 트럼프 대통령에게 보낸 공개편지가 컬트적 음모 운동 내 익명의 지도자가 올린 한 게시물에 인용된 뒤, 큐어넌의 온라인 본거지에서 파장을 일으켰다. 그 편지에서 대주교는

* [역주] QAnon, 온라인을 중심으로 음모론을 펼치는 미 극우 집단.

트럼프를 지지하는 음모론이 선호하는 많은 주제를 거론했고, 사악한 글로벌 엘리트들부터 빌 게이츠와 여타 '주류 미디어'에 이르는 그들의 낯익은 악당들을 공격했다. 비가노는 "전 세계의 운명이 신과 인류에 맞선 전 지구적 음모에 의해 위협받고 있다"고 적시하고, "다가온 선거의 유례없는 중요성"을 강조했으며, 트럼프를 "세계의 독재에 맞선 최후의 수비대"라고 치켜세웠다.*

이런 관점에서 보면 폭력으로의 비약은 정말 손쉽게 일어난다. 2020년 10월, FBI는 우익 민병대 집단이 미시건 주지사 휘트머Gretchen Whitmer를 납치해서 위스콘신에 있는 보안 장소로 데려가려고 계획했다고 폭로했다. 거기서 휘트머는 '반역죄'로 일종의 '인민재판'을 받게 될 터였다. 민병대 집단에 따르면 휘트머는 주지사로서 코로나바이러스 감염을 억제하기 위해 가혹한 제한 조치를 부과했고 따라서 미국헌법이 보장하는 자유를 위반했다는 것이다.** 이 계획이 유럽에서 있었던 가장 유명한 정치적 납치를 떠올

---

* 「'신과 인류에 대항하는 전 세계적인 음모': 구설수에 오른 가톨릭 대주교가 트럼프에게 보낸 서한에서 큐어넌을 거론하다」. "'A global conspiracy against God and humanity': Controversial Catholic archbishop pushes QAnon themes in letter to Trump", 〈yahoo.com〉, 2020년 10월 31일.

리게 하지 않는가? 1978년 기독교민주당원과 공산주의자 사이에 거대 연합이 이루어질 수 있다고 공표한 이탈리아의 유명 정치인이 붉은 여단에 납치되어 인민법정에서 재판을 받고 총살을 당한 일 말이다.

새로운 포퓰리스트 우파는 수십 년 전에 분명 극좌파 '테러리스트' 집단의 전유물로 여겨졌던 절차들을 접수하고 있다. 물론 이는 두 '극단'이 어떤 식으로든 일치한다는 뜻이 결코 아니다. 두 극단 세력은 하나의 확고한 중심을 가운데 두고 나란히 배치되어 있지 않다. 근본적 적대는 기득권 세력과 좌파 사이에 있고, 우파의 폭력적 '극단주의'는 그 중심이 위협받고 있을 때 촉발되는 공포에 찬 반작용이다. 이 점은 지난 대통령 선거 토론에서 트럼프가 바이든을 두고, "바이든은 샌더스와 생각이 같다"고 말하면서 '보편적 의료보장'을 지지한다고 비난했을 때 분명해졌다. 바이든은 "나는 버니 샌더스에게 이겼다"고 대답했다.*** 이 답변에 담긴 메시지는 명확하다. 바이든은 인간의 얼굴을 한 트럼프다. 두 사람의 대립에도 불구하고 그들은 동일한 적을 공유한다. 이것이야말로 자

** 「FBI: 미시건 주지사 휘트머의 납치 모의를 한 단체가 위스콘신에서 재판을 하려고 했다」. "FBI: Group plotting to kidnap Michigan Gov. Whitmer wanted to take her to Wisconsin for 'trial'", 〈clickondetroit.com〉, 2020년 10월 31일.

*** 「트럼프와 바이든, 토론이 시작되자 의료보험으로 충돌하다」. "Trump, Biden clash over health care as debate begins", 〈thehill.com〉, 2020년 9월 29일.

유주의적 기회주의의 최악의 형태로, 중도층을 두렵게 만들면 안 된다는 공포로 인해 좌파 '극단주의자들'을 거부하는 행태다.

트럼프 자신은 여기서 양면적인 게임을 벌이고 있다. 폭력 사태와 음모론을 선동하는 급진 우파 집단에 관한 질문을 받았을 때 트럼프는 이 집단의 일반적인 애국적 태도를 칭찬하면서 문제적 측면과는 형식적으로 기꺼이 거리를 두고자 했다. 이 거리두기는 물론 공허하며, 순전히 수사적 태도다. 그 집단은 트럼프의 연설에 가득한, 암묵적으로 폭력을 촉구하는 요청에 맞춰 은밀하게 행동할 것이다. 트럼프는 소위 좌파의 폭력을 끊임없이 공격하면서 이런 방식으로 분열을 조장하고 폭력을 부추겼다. '프라우드 보이즈 Proud Boys'가 선동하고 자행한 폭력 사태에 관한 질문을 받았을 때 트럼프가 했던 답변이 그 단적인 사례다.

미국 대통령 도널드 트럼프가 백인 우월주의를 주창하는 회원들로 이루어진 극우 집단 '프라우드 보이즈'에 "물러서서 대기하라"고 말한 지 몇 분 뒤, 2020년 9월 29일자 전국 텔레비전 방송은 남성만으로 이루어진 이 집단의 구성원이 비주류 소셜 미디어 사이트를 장악했다는 보도를 내보냈다. 좌파에 맞서 자신들이 이데올로적 압력을 행사한 날을 '역사적인' 순간이라고 부르며 그것을 기념하기 위한 행동에 나선 것이다.*

이야말로 절정의 (여기서 이런 매우 문제적인 표현을 쓰는 것을 양해해준다면) 트럼프다. 트럼프는 그들에게 물러서라고, 다시 말해 폭력을 자제하라고 분명히 말하지만 "대기하라"고, 즉 준비하라고 덧붙인다. 뭘 준비하라는 것인가? 이 말에 내포된 의미는 선명하고 확고하다. 트럼프가 선거에서 패한다면 폭력을 행사할 준비를 하라는 것이다. 미국에서 실질적인 내전이 폭발할 위험은 아마도 희박하겠지만, 내전의 가능성이 널리 회자된다는 바로 그 사실이 중요하다.

게다가 이런 추세는 미국에서만 진행되고 있는 것이 아니다. 유럽 언론을 장식하는 표제 기사를 그냥 한 번 훑어보기만 해도 된다. 폴란드에서 자유주의적 공적 인사들은 자신들이 민주주의가 무너지는 것을 지켜만 봐야 한다고 불만을 터뜨린다. 헝가리도 마찬가지다. 좀 더 일반적 차원에서 의회민주주의 개념에 내재한 모종의 긴장도 눈에 띈다. 민주주의는 두 가지 사항을 뜻한다. '인민의 권력'(다수의 실질적 의지가 국가에서 표현되어야 한다) 그리고 선거 메커니즘 자체에 관한 신뢰다. 아무리 많은 조작과 거짓이 횡행해도 일단 투표수가 합산되면 모든 진영은 그 결과를 받아들여

---

* 「트럼프가 '물러서서 대기하라'라고 말을 건넨 '프라우드 보이즈'는 누구인가?」. "Who are the proud boys Trump told to 'stand back and stand by'?", 〈snopes.com〉, 2020년 10월 7일.

야 한다. 더 많은 득표수를 얻었고, 플로리다의 집계에 매우 문제가 있었음에도 불구하고 앨 고어가 조지 부시에게 패배를 인정했을 때 벌어진 일이 이것이다. 형식적 절차에 관한 신뢰는 의회민주주의에 안정성을 부여한다. 이 두 가지 차원이 조화를 이루지 못할 때 문제가 생겨나며, 좌파와 우파는 모두 종종 인민의 실질적 의지가 선거의 형식성에 우선해야 한다고 주장한다. 어떤 의미에서는 그들이 옳다. 민주주의의 대의제 메커니즘은 실제로 중립적이지 않다.

> 만일 민주주의가 대표성이라면 무엇보다도 그 형식을 지탱하는 일반적 시스템을 대표한다. 다시 말해 선거민주주의가 유일하게 대표성을 띠는 것은 그것이 우선 자본주의의 합의적 대표성인 한에서만 그러하며, 오늘날 이는 '시장경제'라고 재명명된다.*

이 대목을 우리는 엄밀하게 형식적 의미에서 받아들여야 한다. 물론 경험적 차원에서 다당제 자유주의적 민주주의는 인민의 서로 다른 의견의 양적인 분산, 즉 각 정당이 제시한 프로그램과 후

* Alain Badiou, *De quoi Sarkozy est-il le nom?*(Paris: Editions Lignes 2007), p. 42.

보자에 대해 인민이 어떻게 생각하는지를 '대표한다.' 하지만 이러한 경험적 차원에 앞서서 그리고 훨씬 더 근본적 의미에서 다당제 자유주의적 민주주의의 형식 그 자체는 사회, 정치, 그리고 그 속에서 개인의 역할에 관한 특정한 비전을 예시하고 '대표한다.' 정치는 국가의 입법과 행정 기구에 통제력을 행사하기 위해 선거를 통해 경쟁하는 정당들로 조직된다. 우리는 이 프레임이 전혀 중립적이지 않다는 점을 항상 의식해야 한다. 이 프레임은 특정한 가치와 실천에 특권을 준다.

자유주의적 민주주의의 비중립성은 위기나 무관심의 순간, 대중이 실질적으로 원하거나 생각하는 것을 민주적 시스템이 반영하지 못하는 무능력을 드러낼 때 선명하게 감지된다. 2005년 영국의 선거와 같은 일탈적 현상에서 우리는 이 무능력의 조짐을 볼 수 있다. 토니 블레어의 인기는 곤두박질쳤지만(블레어는 종종 영국에서 가장 인기 없는 인물로 꼽혔다.) 블레어에 대한 대중의 불만은 정치에서 효과적으로 표현되지 못했다. 이 상황에는 무언가 분명히 아주 잘못된 것이 있다. 대중이 "자신들이 원했던 것을 몰랐다"는 말은 맞지 않고, 오히려 냉소적 포기가 대중이 불만을 표출하는 일을 막았을 것이다. 그로 인해 대중이 생각한 것과 그들이 행동한 것(투표) 사이에 희한한 간극이 생겼다.

1년 전 쯤에 이와 유사한 간극이 프랑스의 노란조끼 운동에서 좀 더 난폭하게 폭발했다. 노란조끼 시위는 제도적 대표성의 정치학이라는 맥락으로 번역하거나 이전시키는 것이 불가능한 경험이었다. 마크롱이 시위의 대표자들을 대화에 초대해 불만을 분명한 정치 프로그램으로 정식화해달라고 요구했을 때, 그들의 구체적 경험이 휘발되어버린 이유가 여기에 있다. 스페인의 좌파 정당 포데모스에서 벌어진 일도 이와 정확히 동일한 일이 아닐까? 포데모스가 정당정치에 가담하기로 하고 정부에 입각한 순간, 그들은 사회주의자와 다를 바 없어졌다. 하지만 이는 대의제 민주주의가 완전히 작동하지 못한다는 또 다른 신호다.

요컨대, 자유주의적 민주주의의 위기는 십 년이 훨씬 넘게 지속된 것이고, 코로나바이러스 팬데믹은 그 위기를 어느 한도 이상으로 폭발시켰을 뿐이다. 그래서 해결책은 분명 모든 소수 의견을 좀 더 포괄하는, 모종의 더 '진정한' 민주주의에 있지 않다. 자유주의적 민주주의의 프레임 자체가 폐기되어야 하는 것인데, 이는 정확히 자유주의자들이 가장 두려워하는 일이다. 어떤 식으로든 자기조직적이고 유동적인 시민사회(포데모스, 노란조끼)가 직접 국가를 탈취하고 대체하는 것 또한 해결책이 아니다. 다중의 직접 통치는 환상이며, 일반적으로 강력한 국가 기구에 의해 뒷받침되어야 한다. 예를 들어 노란조끼 세력과 프랑스 국가 간의 갈등에서 나는 국가의 편을 지지한다. 진정한 변화에 이르는 길은 오로지 우리가 시스템 내에서의 변화에 대한 희망을 버릴 때 열린다. 이것이 너무나 '급진적'인 주장으로 느껴진다면, 오늘날 우리의 자본주의가 비록 정반대의 의미이긴 하지만 이미 변화하고 있음을 상기해보라.

직접적 폭력은 대체로 혁명적이기보다 보수적이며, 좀 더 근본적 변화의 위협에 맞선 반작용이다. 하나의 시스템이 위기를 맞으면 자체의 규칙을 어기기 시작한다. 한나 아렌트는 일반적으로 폭력적 분출은 사회를 변화시키는 원인이 아니라 오히려 자체의 모순들로 인해 이미 수명이 다한 사회에서 새로운 사회를 낳기 위한 산통이라고 말했다. 아렌트가 "총구로부터 권력이 생겨난다"고 말했던 마오쩌둥을 반박하며 이 주장을 했다는 사실을 기억하자. 아렌트는 마오쩌둥의 말이 "완전히 비마르크스주의적" 확신이라고 폄하하면서 마르크스에게는 폭력적 분출이 "당연하게도 유기체의 탄생이라는 사건에 원인을 제공하기보다 그에 선행하는 산통"과 같은 것이었다고 주장한다. 나는 아렌트의 주장에 기본적으로 동의한다. 하지만 폭력이라는 '산통' 없이는 권력의 평화적이고 '민주적인' 이양은 결코 벌어지지 않을 것이라고 덧붙이고 싶다. 민주주의적 대화와 변화의 규칙이 정지되는 긴장의 순간은 언제고 도래할 것이다.

그렇지만 오늘날 이 긴장을 야기한 주체는 우파다. 그렇기 때문에 역설적으로 오늘날 좌파의 임무는, 오카시오-코르테스Alexandria

Ocasio-Cortez가 지적했듯, '부르주아' 민주주의를 구하는 일이 되어 버렸다. 자유주의적 중도가 그 일을 하기에는 너무 허약하고 우유부단하기 때문이다. 이는 오늘날의 좌파가 의회민주주의를 넘어서야 한다는 사실과 모순이 되는 걸까? 그렇지 않다. 트럼프가 증명하듯, 모순은 민주주의의 형식 그 자체에 있으며, 따라서 자유민주주의에서 수호할 만한 가치가 있는 것을 구하는 유일한 길은 그것을 넘어서는 것이다. 그리고 반대의 경우도 마찬가지다. 우파의 폭력이 흥기할 때 자유민주주의를 넘어서는 유일한 길은 자유민주주의자들보다 그 원리에 더 충실해지는 것이다. 볼리비아에서 모랄레스 정당이 민주적 권력을 성공적으로 회복한 사건, 즉 우리가 처한 황폐한 풍경에서 몇 안 되는 반짝이는 지점 중 하나가 선명하게 보여준 것이 바로 이 사실이다.

세르비아에는 "이기지 못해도 이념은 죽인다"는 근사한 표현이 있다. 이 말은 당신을 파괴하고자 할 때 직접적인 폭력을 쓰기보다 당신의 자존심을 짓밟아버리는 행동을 취함으로써 굴욕감을 느끼게 하여 당신 존재감의 핵심 자체(이념)를 제거해버리는 방법을 가리킨다. "이념은 죽인다"는 말은 즉각적으로 헤겔적인 표현이다. 적을 살해함으로써 그가 수천 명 사람들의 마음에 영웅으로 살아남을 수 있게 하는 길, 다시 말해 그의 '이념'이 한층 더 고양된 형태로 존속할 수 있도록 (그의 경험적 현실을) 실제로 파괴하는 행위의 정반대를 묘사하고 있는 것이다. 요컨대 이 말은 반反지양의 태도를 묘사한다. 살아남는 것은 이념이 제거된 당신의 우연적이고 경험적인 현실이다. 히틀러와 나치즘을 대할 때에도 이를 활용할 수 있다. 히틀러를 '지양'(그의 '과잉'을 제거하여 그 프로젝트의 건전한 핵심을 보존하는 일)하기보다 그의 이념을 죽이는 것, 그 이념 자체를 파괴하는 것이다. 트럼프와 그가 남긴 유산의 경우에도 마찬가지다. 진정한 과제는 (그가 2024년에 귀환할 가능성을 열어두면서) 그를 이기는 것이 아니라 "그의 이념을 죽이는" 일이다. 그래서 그를 그의 모든 쓸모없는 허영과 비일관성과 함께 낱낱이 드러내는 일이다. 다시 한번 헤겔적 비유를 들자면, 그의 이념을 죽이는 일은 그를 자신의 이념으로 이끄는 일, 다시 말해 그를 내재적으로 파괴하는 일을 뜻한다. 그가 그 자신으로 드러나게 하는 방식으로 그가 스스로를 파괴할 수 있게 만드는 일을 뜻한다.

14장

현재의 정세:
우리의 선택

2020년 12월 초, 유럽의 미디어가 '두 번째 유행'이라고 부르는 사태의 한 가운데서 이 글을 쓰고 있다. 이 시점에서 팬데믹과 관련한 우리의 상황은 어떠한가? 첫 번째 유행과 두 번째 유행의 구별이 유럽 기준이라는 점을 우리는 잊으면 안 된다. 라틴아메리카에서는 색다른 리듬이 있어서, 정점이 유럽의 두 유행 사이에 찾아왔고, 유럽이 두 번째 유행을 겪고 있는 와중에 라틴아메리카의 상황은 근소하게 나아졌다. 우리는 또한 팬데믹이 서로 다른 계급(가난한 사람들이 훨씬 더 충격이 크다)과 인종(미국에서는 흑인과 라틴계가 훨씬 더 고통을 겪는다)과 성(남성보다 여성이 더 많이 영향을 받는다)에 어떻게 다르게 영향을 미치는지, 그리고 다른 대륙(아프리카는 대체로 영향을 덜 받는다)과 다른 국가들(현재 유럽에서는 두 달 전의 상황과 선명히 대비되어 독일은 심각해진 반면 스페인은 나아지고 있다) 사이에 어떻게 다른 리듬을 만들어내는지, 그 분명한 차이를 명심해야 한다. 특히 전쟁, 빈곤, 굶주림, 국지적 폭력 등으로 상황이 너무나 안 좋아서 팬데믹이 사소한 악의 하나로 취급되는 나라들(예멘을 떠올려보자)도 항상 유념해야 한다. "질병으로 곤란을 겪는 나라에서 코로나바이러스는 명함도 못 내민다. 전쟁, 굶주림, 그리고 황망한 원조의 삭감은 예멘 사람들을 견디기 힘든 상황으로 내몰고 있다."* 이와 유사하게, 아제르바이잔과 아르메니아 사이에 단기전이 벌어졌을 때 양쪽 관리들은 지금은 전쟁 중이니 팬데믹에 맞선 싸움은 뒷전으로 미뤄둬야 한다고 주장했다. 이러한 복잡한 상황에도 불구하고, 우리는 첫 번째 유행의 정점과 비교했을 때 두 번째 유행이 갖는 몇몇 특징을 일반화할 수 있다.

• 몇 가지 희망이 이제는 좌절되었다. 집단 면역은 작동하지 않는다. 유럽의 사망률은 기록적인 수준이며, 그래서 바이러스가 그 어느 때보다 더 번지고 있지만 변이의 양상이 약화되리라는 희망

---

* 「예멘: 질병에 시달리는 나라에서 코로나는 주목받지 못한다」. "Yemen: in a country stalked by disease, Covid barely registers", 〈theguardian.com〉, 2020년 11월 27일.

은 부질 없다.

• 우리 앞에는 많은 미지의 영역이 있으며, 특히 어떻게 바이러스가 전파되는지 알지 못한다. 몇몇 나라들에서는 이러한 불가해성으로 인해 비난할 대상(사적인 가정 모임, 직장 등)을 필사적으로 찾아내려는 태도가 생겨났다. 자주 듣게 되는 문구인, "이제는 바이러스와 함께 사는 법을 배워야 한다"는 말은 그저 우리가 바이러스에 항복했다는 뜻일 뿐이다.

• 백신이라는 희망이 있지만 우리는 다가올 다른 감염병과 생태적 재난은 말할 것도 없고 현재의 곤경들이 마술처럼 사라져서 과거의 일상성이 돌아올 것이라고 기대해서는 안 된다. 백신의 분배는 가장 큰 윤리적 시험대가 될 것이다. 모든 인류를 포괄하는 보편적 분배의 원칙이 우리 모두를 살아남게 할 것인가, 아니면 기회주의적 타협을 통해 희석될 것인가?

• 많은 나라들이 채택하는 모델인, 팬데믹과 싸우면서 경제를 활성화하는 절충안(유럽의 오스트리아와 스위스는 지금 스키 리조트를 개방하고 싶어 한다)은 거듭해서 등장하고 있지만 점점 더 그 한계를 드러낸다. 실제로 효과가 있어 보이는 유일한 조치는 철저한 봉쇄다. 최근의 사례는 호주의 빅토리아주다. 2020년 8월, 이곳에서 하루에 7백 명의 신규 확진자가 발생했지만 현재는 "새로운 바이러스 확진 사례 없이 30일이 지났다. 미국과 많은 유럽 국가들에

서 감염 사례가 치솟고 봉쇄 조치가 재도입되어 곤란을 겪는 와중에, 이는 부러워할 만한 기록이다."*

• 정신건강과 관련하여 지금 돌이켜보면, 첫 번째 유행의 정점에서 사람들이 보였던 반응은 우리가 위협에 직면할 때 나오는 아주 건전하고 평범한 공포처럼 느껴진다. 사람들은 어떻게 감염을 피할 것인가에 집중했다. 어쩌면 대부분의 사람들은 그저 정신적 문제를 겪을 겨를이 없었던 것 같다. 현재는 정신적 문제들에 관해 많은 얘기가 나오지만, 사람들이 팬데믹을 대하는 지배적인 방식은 각기 다른 요소들의 이상한 혼합물이다. 감염자의 수가 증가하고 있음에도 대부분의 나라에서 팬데믹은 그다지 심각하게 받아들여지지 않으며, 매우 희한한 의미에서 '삶은 지속된다.' 서부 유럽의 많은 사람들은 크리스마스를 기념하고 쇼핑을 할 수 있을지, 혹은 평소처럼 겨울휴가를 보낼 수 있을지 걱정하고 있다.

하지만 '삶은 지속된다'는 태도, 우리가 어떤 식으로든 바이러스와 함께 사는 법을 터득했다는 신호, 회자되는 말로 하면 '코로나바이러스 피로감Covid fatigue'은 최악의 상황이 지나갔다는 안도감

* 「호주는 최장기 봉쇄로 28일간 확진자가 한 명도 나오지 않았다」. "Australia's longest lockdown pays off with no cases for 28 days", 〈bloomberg.com〉, 2020년 11월 27일.

과는 정반대다. 이 태도는 침울함, 국가적 규제의 위반과 그에 대한 항의와 구분이 불가능하게 섞여 있다. 명확한 전망이 제시되지 못하고 있기에 우리는 두려움보다 더 심각한 무언가를 느끼고 있다. 두려움에서 우울증으로 넘어갔다. 명확한 위협이 있을 때, 우리는 두려움을 느낀다. 힘써 얻고자 하는 것에 이르지 못하게 막는 장애물이 거듭 생겨날 때, 우리는 좌절감을 느낀다. 그러나 우울증은 우리의 욕망 자체가 사라지고 있다는 신호다.

이러한 황망함은 선명한 인과율의 질서가 혼란에 빠진 것처럼 보이기에 나타난다. 예컨대, 현재 유럽에서는 명확한 이유 없이 프랑스에서는 감염자가 줄고 있고, 독일에서는 늘어나고 있다. 몇 달 전만 해도 팬데믹 대응의 모범 사례였던 나라들이 지금은 최악의 희생양이 되었는데, 아무도 그 이유가 무엇인지 모른다. 과학자들은 저마다 색다른 가설을 내세우는데, 과학자들의 분열 자체가 혼란을 부추기고 정신의 위기에 기여한다.

이 황망함을 더욱 부추기는 것은 팬데믹의 특징이 서로 다른 차원의 혼합물이라는 사실이다. 독일의 선구적인 바이러스 연구자인 크리스티안 드로스텐Christian Drosten은 팬데믹이 단지 과학적 현상이나 건강의 현상에 그치지 않고 자연 재해라고 지적한다.* 여기에 우리는 팬데믹이 또한 사회적, 경제적, 그리고 이데올로기적 현상이라는 사실도 덧붙여야 한다. 팬데믹의 실제적 영향은 분명 모든 차원의 혼합물이다. 예를 들어, 〈CNN〉은 "일본에서는 2020년 통틀어 코로나바이러스로 사망한 사람보다 11월 한 달에 자살한 사람이 더 많다. 그리고 여성들이 가장 충격을 많이 받았다."고 보도했다.** 하지만 대다수 개인은 팬데믹의 여파로 자신이 처한 상황 때문에 자살했고, 따라서 이들의 죽음은 팬데믹의 부수적 피해다. 또는 팬데믹과 경제의 관계를 보여주는 경우도 있다. 서부 발칸지역에서는 병원들이 한계 너머까지 내몰렸다. 보스니아의 한 의사가 말했듯, "우리는 한 사람당 세 명 몫의 일을 할 수 있지만 다섯 사람 몫은 불가능하다." 이 위기를 우리는 "두뇌 고갈의 위기, 즉 전도유망한 젊은 의사와 간호사가 더 나은 임금과 훈련을 찾아 해외로 탈출하는 현상"을 빼고는 이해할 수 없다.*** 따라서 다시 한번, 팬데믹의 재앙적 충격은 분명 노동력의 이주에 의해서도 야기된다.

우리는 한 가지만은 확실하다고, 무난하게 결론을 내릴 수 있다. 코로나바이러스 팬데믹 유행이 세 단계로 진행된다면, 각 유행의

---

* 크리스티안 드로스텐, 「팬데믹은 이제 막 시작되었을 뿐이다. 우리와 함께」. Christian Drosten, "Die Pandemie wird jetzt erst richtig losgehen. Auch bei uns", 〈spiegel.de〉, 2020년 9월 23일.

** "In Japan, more people died from suicide last month than from Covid in all of 2020", 〈edition.cnn.com〉, 2020년 11월 28일.

*** 「'대재앙': 바이러스 확산으로 발칸의 의료 서비스가 무너지고 있다」. "'Catastrophic': Balkan healthcare overwhelmed by virus surge", 〈france24.com〉, 2020년 11월 29일.

일반적 성격은 서로 다를 것이다. 첫 번째 유행에서는 당연하게도 건강 문제에 우리의 관심이 집중되었다. 수용할 수 없는 수준까지 바이러스가 확산되는 것을 막는 것이 관건이었다. 대부분의 나라들이 방역, 사회적 거리두기 등을 받아들였던 이유가 여기에 있다. 두 번째 유행에서는 감염자의 숫자가 훨씬 많지만, 그럼에도 불구하고 경제의 장기적 결과에 대한 두려움이 커지고 있다. 백신이 세 번째 유행을 막지 못한다면 초점은 정신건강에, 즉 우리가 일상적 사회생활이라고 느꼈던 것이 사라지면서 야기될 끔찍한 심리적 효과에 맞추어질 것이라고 확신할 수 있다. 백신이 효력을 발휘한다 해도 정신의 위기가 계속될 이유가 여기에 있다.

우리가 마주하고 있는 궁극적 선택은 이렇다. 과거의 일상으로 돌아가기 위해 분투해야만 하는가, 아니면 팬데믹이 우리가 새로운 '포스트휴먼'의 시대(인간됨이 무엇을 뜻하는지에 관한 우리의 지배적 인식과 관련한 '포스트휴먼')에 들어서고 있다는 신호 중 하나임을 받아들여야만 하는가. 이는 우리의 심리적 삶과 관련된 선택에 그치지 않는다. 그것은 어떤 의미에서 '존재론적' 선택이며, 우리가 현실(로 경험하는 것)과 맺는 모든 관계에 결부된다.

팬데믹에 대처하는 서로 다른 방식들 간의 갈등은 서로 다른 의학적 견해 사이의 갈등이 아니라 심각한 실존적 갈등이다. 애리조나주에서 대담쇼를 진행하는 브렌든 딜리는 "멍청이가 되느니 차라리 죽고 말겠다"는 말로 자신이 마스크를 쓰지 않는 이유를 설명했다. 앞서 말했듯, 그가 마스크 쓰기를 거부한 까닭은 그에게는 그것이 가장 기본적인 차원에서 인간의 존엄성에 부합하지 않는 행위이기 때문이다. 따라서 관건은, 다시 말하지만, 인간적 삶을 향한 우리의 기본적인 태도에 달렸으며, 이러한 태도들은 무엇이 인간 존재인가에 관한 각기 다른 관점에 기반을 두고 있다.

이 지점에서 조르조 아감벤의 주장이 나온다.* 그는 우리가 팬데믹에 맞서는 조치들을 받아들이면 우리 인간됨의 핵심인 열린사회의 영역을 포기하고 국가 행정에 이바지하는 과학과 기술의 통제를 받아 고립된 생존 기계로 변할 것이라고 주장한다. 집에 불이 나도 용기를 내서 평상시처럼 행동하다가 끝내 위엄을 지닌 채 죽어야 한다는 것이다.

> '집에 불이 나면 내가 하는 일은 아무런 의미도 없다.' 하지만 아무도 알아주지 않는다고 해도, 집에 불이 났을 때조차 전처럼 행동하고, 어쩌면 전보다 더 많이 모든 일을 조심성과 정확성을 가지고 처리하는 것이 필요하다. 어쩌면 삶 자체가 지구의 표면

---

* 조르조 아감벤, 「집이 불타고 있을 때」. Giorgio Agamben, "When the house is on fire", 2020년 10월 28일. https://url.kr/yce1si

에서 사라질 수도 있고, 좋든 싫든 우리가 이제껏 무슨 일을 이루었는지에 관한 아무런 기억도 남지 않을 수 있다. 하지만 당신은 전처럼 계속해야 한다. 바꾸기에는 이미 늦었고 더 이상 시간도 없다.

우리는 아감벤의 논증 방식에서 하나의 애매함을 감지한다. "집에 불이 난" 것이 팬데믹이나 지구온난화 등등 때문인가 아니면 우리가 팬데믹의 현실에 (과잉) 반응했기 때문인가? "오늘날 불길은 그 형태와 성격이 달라져서 디지털화되고 눈에 보이지 않으며 차갑다. 하지만 바로 그렇기 때문에 그 불길은 여전이 훨씬 더 가깝고 우리를 시시각각 감싼다." 이런 문구는 분명 하이데거적으로 들린다. 즉, 이 문구는 팬데믹에 대한 우리의 대응을 규제하는 의료 과학과 디지털 통제 방식이 근본적으로 위험하다는 생각을 표현한다.

아감벤의 말대로라면 방역 조치를 따르는 사람들은 인간성의 상실에 굴복하고 그동안 누리던 사회적 자유를 내팽개친다는 것인가? 팬데믹의 위험을 통과하지 않고 새로운 자유의 영역을 개방할 다른 길이 있을까? 아감벤 자신도 자기 글의 바로 마지막 문단에서 새로운 형태의 포스트휴먼적 정신성이 나타날 가능성을 열어두고 있다.

해변에서 모래 위에 그린 얼굴이 지워져버리는 것처럼 현재의 인간은 사라진다. 하지만 그 자리를 대체하는 것은 더 이상 하나의 세계가 아니라 단지 벌거벗은 삶, 침묵하고 역사도 없으며 권력과 과학의 계산에 좌지우지되는 삶이다. 그러나 어쩌면 오로지 바로 이러한 파괴로부터만 무언가 다른 것이, 어느 날 천천히 혹은 갑자기 등장할 수 있다. 물론 신도 아니고 또 다른 인간조차 아닌 하나의 새로운 동물, 어쩌면 다르게 살아가는 영혼이.

아감벤은 여기서 푸코의 『말과 사물*Les mots et les choses*』에 나오는 유명한 구절, 휴머니즘적 인간이 마치 모래 위에 그려진 형상처럼 사라지고 있으며 해변의 파도에 씻겨나간다는 구절을 언급한다. 우리는 실질적으로 포스트휴먼 시대라고 불리는 것에 진입하고 있다. 팬데믹과 지구온난화 같은 다른 재난뿐만 아니라 정신적 삶에 직접 디지털로 접속하는 일을 포함한 삶의 디지털화 역시 우리 인간됨의 기본적 좌표를 손상시킨다. 그렇다면 어디에서 출구를 찾아야 할까?

탈인간(포스트휴머니티)의 도전을 받아들이는 것이 우리의 유일한 희망이다. '(낡은) 일상으로의 복귀'를 꿈꾸는 대신 우리는 새로운 일상을 건설하는, 힘들고 고통스런 길로 나서야만 한다. 이 건

설 작업은 의학적이거나 경제적인 문제가 아니라 속속들이 정치적 문제다. 우리는 사회적 삶 전체를 새로운 형태로 발명해야만 한다.

(결론 아닌) 결론

알지 않으려는 의지

지금까지 우리 중 일부는 사회주의와 연결된 나라가 어떤 식으로든 팬데믹을 통제하는 데 더 유리하다는 희망에 필사적으로 매달려왔다. 여기에는 중국, 베트남, 그리고 쿠바처럼 공산당이 여전히 권력을 잡고 있는 나라뿐 아니라 스칸디나비아 국가들처럼 견고한 사회민주주의 전통을 지닌 나라도 속한다. 하지만 이 체계에서조차 균열이 생겨나고 있다. 펜데믹에 준비가 잘 되어 있던 나라에 대한 이야기는 거듭해서 되풀이되며, 바이러스가 통제된 듯한 시점이 되었을 때 다시 한번 터져나오기 시작했다.

그 탁월한 사례는 뉴질랜드다. 늙고 융통성 없는 마르크스주의 비평가인 나조차 매일 통계를 추적하면서 뉴질랜드에 더 이상 새로운 확진 사례가 없기를 바랐다. 하지만 2020년 8월 11일, 뉴질랜드에서 지역 감염이 발생하지 않은 지 102일 만에 네 건의 새로운 코로나바이러스 감염 사례가 나왔고, 일주일 뒤에는 매일 수십 건의 새로운 사례가 나타났다. 이 일의 교훈은 분명하다. 환상 속의 뉴질랜드, 즉 코로나바이러스 없는 안전한 보금자리는 존재하지 않는다. 단기적 차원에서 나는 (내가 가장 좋아하는 국가 중 하나인) 뉴질랜드의 행운을 빌었고, 바이러스를 억제하기 위한 그 나라의 모든 조치에 진심으로 성원을 보낸다. 그러나 장기적 관점에서는 오로지 전 지구적 접근법만이 효력을 발휘할 것이라는 점이 점점 더 선명해지고 있다.

상황이 통제되고 있는 듯 보이는 순간에 새로운 감염 사례가 증가한 것에 대한 지배적 반응은 공포가 아니라 순응이다. 감염자와 사망자의 수가 증가하고 있더라도 많은 국가들은 겉으로는 일상성을 유지하려고 노력하고 있다. 세계보건기구는 많은 국가들이 받는 사회경제적 압박을 감안하면 '대응 피로response fatigue'의 위험이 있다고 경고했는데,* 뉴스에서는 이미 이러한 피로를 읽을 수 있다. 코로나바이러스 관련 보도가 다른 기삿거리(벨라루스의 선거

* 「WHO는 팬데믹이 '장기화'될 수 있다며 '대응 피로'를 경고했다」. "WHO says pandemic will likely be 'lengthy', warns of 'response fatigue'", 〈ctvnews.ca〉, 2020년 8월 2일.

논란, 바르셀로나와 바이에른의 축구경기, 카멀라 해리스 부통령 등)에 밀려난 것이다. 그러나 이런 관심의 변화에는 무언가 가짜가 있다. 마치 진짜 트라우마(그것은 말할 것도 없이, 여전히 코로나바이러스다)를 피하는 일에 우리가 필사적으로 매달리고 있는 듯 느껴진다. 나아가 이 이상한 피로는 항의 시위 및 다른 사회적 반항의 형태로도 표출된다. 〈가디언〉의 최근 머리기사가 모든 것을 말해준다. "코로나바이러스가 불안을 야기하듯 항의 시위의 전 세계적 분출이 예상된다. 팬데믹의 경제적 충격이 현존하는 불만과 결합하여 광범위한 대중 봉기가 '불가피해졌다'고 보는 새로운 분석이 있다."* 적십자 역시 코로나바이러스 이후의 대규모 이주가 또 다른 불안의 원인이 될 수 있다고 경고했다.** 중국에서는 대규모 기근으로 이어질 수 있는 식량 부족의 조짐이 있어서 시진핑 주석은 음식 낭비를 막기 위해 최근 식당에서 고객들이 주문할 수 있는 요리의 개수를 제한하는 명령을 발동했다.*** 파키스탄과 인도에서

---

* 「코로나19가 촉발한 불안으로 전 세계에서 시위가 급증할 것으로 보인다」. "Protests predicted to surge globally as Covid-19 drives unrest", 〈theguardian.com〉, 2020년 7월 17일.

** 「글로벌 리포트: 적십자사는 WHO가 미국에 반격을 가함에 따라 코로나19 이후 대규모 이주가 발생할 것이라 경고한다」. "Global report: Red Cross warns of big post-Covid-19 migration as WHO hits back at US", 〈theguardian.com〉, 2020년 7월 14일.

*** 「'빈 접시 작전': 시진핑의 다음 목표는 음식물 쓰레기」. "'Operation empty plate': Xi Jinping makes food waste his next target", 〈theguardian.com〉, 2020년 8월 13일.

프랑스와 독일에 이르는 국가들이 이와 유사한 위협에 직면해 있고, 어마어마한 물량의 농산물이 메뚜기 떼와 들쥐들에 의해 훼손되거나 아니면 일손이 모자라 들판에서 썩어가는 상황을 맞이하고 있다.

팬데믹이 꾸준히 지속되는 가운데 일련의 다른 주요한 위협들이 발생하는 지금이야말로 나치가 '총동원'이라고 불렀던 것(당연히 완전히 반대되는 목적을 위한 것이다)을 시행해야 할 적기라는 것이 확연해지고 있지 않은가? 피히테는 『폐쇄된 상업국가 *The Closed Commercial State*』(1800)에서 이런 방향을 제시한 아마도 최초의 인물일 것이다. 전혀 놀랍지 않게, 그의 책은 전체주의를 옹호하는 것으로 간주되어 대체로 무시되거나 묵살되었다. (칼 포퍼 자신이 피히테를 '열린사회'의 적 가운데 하나로 꼽는다.) 이런 노선을 따라 피히테를 비판했던 최초의 인물은 다름 아닌 헤겔이었다. 그는 시민의 행동과 이동을 완벽하게 통제하는 국가라는 (피히테의) 생각을 비웃는다. 그렇지만 오늘날 그러한 통제는 팬데믹이 보여주었듯 사회의 디지털화 덕분에 손쉽게 수행될 수 있을 뿐만 아니라 때로는 필수적이다. 그러니 용기를 내어 (플라톤부터 시작하는) '폐쇄된' 사회의 반자유주의적 사상가의 전체 계보를 재정비하는 것이 어떨까? 현재의 전 지구적 자유주의 시장경제에서 경제의 재정치화라는 피히테의 프로젝트는 그 어느 때보다 더 중요하다. 디에고

푸사로Diego Fusaro는 다음과 같이 지적한다.

피히테는 한편에서 '자유주의적 자유'를 비판하는 데 핵심적으로 중요한 역할을 하고, 다른 한편에서는 오늘날의 '신자유주의적 조건'이 처한 곤경을 비판적으로 이해할 수 있게 하는 하나의 관념을 제시한다. 상업적 무정부상태Handelsanarchie는 사물에 대한 인간의 우위, 경제에 대한 정치의 우선성을 파괴하며 카를 슈미트가 '탈정치화', 즉 정치의 역할이 박탈되어 단지 경제의 보조수단으로 전락한 상황이라고 정의한 것을 만들어낸다. 카를 폰 클라우제비츠의 유명한 명제를 풀어서 표현하자면, 정치는 이제 훼손되었고 경제를 단지 다른 방식으로 수행하는 일로 재규정되었다. (…) 이는 유럽이 빠져들게 된 치명적인 상황이다. 유럽은 이제 거대한 상업국가로 타락한 대륙이 되어 경제 법칙이 사람들에게 비참함을 강제하고 공동체적 연대의 모든 형태를 해체하고 있다. (…) 한 국가가 상업적 헤게모니를 선점하게 되면 다른 국가들은 균형을 회복하기 위해 그 헤게모니를 훼손해야만 한다. 지배적인 국가를 제물로 삼아 이 일을 수행하지 못하면 이들은 불가피하게 자신들의 노력을 가장 약한 국가들로 돌린다. 이 무제한적인 잠재적 갈등, 금을 향한 탐욕auri sacra fames이 촉발한 갈등이라는 맥락으로 인해 모든 국가는 경제적 권력을 행사하기 위해 자기 나라의 국경 너머로 무자비한 확장을 시도한다. 이 과정에서 모든 국가는 잠재적으로 패배자이고, 특히 가장 취약한 나라가 그러하다. 데이비드 하비가 암시하듯, 지구화는 유연하고 포스트모던한 형태의 제국주의, 즉 위안을 주고 평화로운 인권의 보편성과 정반대되는, 정치적으로 올바른 단일한 사유pensée unique에 집약되어 있다.*

요약하면, 피히테의 격렬한 비판 대상은 "상업적 무정부상태"로, 거기서 국가는 그저 시장에 봉사하며 시장의 조건을 보장하는 데 그친다. 피히테의 비판은 하나의 특정한 정치적 견해에 바탕을 둔 것이 아니라 관념론과 교조주의를 근본적으로 철학적인 대립관계로 보는 그의 관점에 토대를 둔다. 자유주의의 상업적 무정부상태에서 우리가 누리는 자유는, 우리가 기대고 있는 객관적 질서처럼 보이는 교환의 세계에서 이기적으로 (우리의 본성이 결정한 대로) 행동할 자유이다. 필요한 일은 경제의 재정치화다. 경제생활은 공동체의 자유로운 결정에 의해 통제되고 규제되어야 하지, 맹목적이고 혼란한 시장 세력들 간의 상호 거래에 남겨두어서는 안 된

* Diego Fusaro, "The Concept of 'Commercial Anarchy' in Fichte's The Closed Commercial State", https://url.kr/48c29l

다. 칸트의 말을 원용하자면, 피히테는 우리의 자유가 객관적인 시장 메커니즘의 제약을 받는 사회적 삶의 교조적 잠에 빠져 있다고 보았고, 그로부터 우리를 깨우고자 했다. 피히테는 자유주의적 자유가 불평등, 대다수의 부자유, 그리고 국제관계에서 냉혹한 경쟁과 식민주의 또한 양산한다는 점을 또렷하게 알고 있었다.

피히테가 제안한 조치들에는 동의하지 않을 수 있지만, 저변의 문제에 관한 그의 시각은 유효하다. 최근 거대 자본이 우리를 놀라게 한 유쾌하지 않은 사건을 떠올려보기만 해도 된다. "영국을 포함해 전 세계 정부들은 외국 기업이 제기한 소송의 물결에 직면하고 있다. 이 기업들은 자기들의 이윤이 팬데믹으로 손상되었다고 불만을 제기한다."* 요컨대, 코로나바이러스가 초래한 이윤율 저하의 결과 기업이 잃어버린 이윤을 국가(즉 납세자들)가 나서서 보상해줘야 한다는 말로, 이는 안정적인 이윤 축적을 위한 조건을 보장하는 일에 국가의 책임이 있다는 얘기다. 만일 이 소송들이 진행된다면, 그것은 오로지 '투자자 대 국가 간 분쟁 해결investor-state dispute settlements' 협약의 논리적 연장에 불과할 것이다. 이 협약은 수십 년 동안 지속되었는데 기업들은 자신들의 투자에 부정적으로

---

* 「글로벌 기업이 코로나바이러스로 인한 손실을 이유로 영국을 고소하려고 한다」. "Global firms expected to sue UK for coronavirus losses", 〈theguardian.com〉, 2020년 8월 15일.

영향을 미치는 정책을 시행하는 국가를 상대로 소송을 진행할 수 있었다. (스웨덴 기업인 바텐팔Vattenfall이 독일을 이런 이유로 고소했다.) 오늘날 국가는 잠재적으로 기업의 이윤이 줄어드는 데 책임이 있다. 그것이 의료 재난처럼 국가의 정치와 아무런 관련이 없는 경우도 그러하다. 국가가 이에 맞서 단호하게 개입하지 않는다면, 최악의 자본주의적 야만주의가 되돌아오고 있다는 뚜렷한 신호를 받게 될 것이다.

이 압박이 단지 사회경제적인 것만은 아니다. 우리가 코로나바이러스에 완전히 굴복하고 있다는 조짐들이 있다. 2020년 8월 1일, 이만 명이 넘는 사람들이 베를린에서 독일의 코로나바이러스 규제에 맞서 시위하는 행진을 벌였다. 참가자 중에는 자유지상주의자와 백신에 반대하는 활동가, 나이 든 히피와 뉴라이트 포퓰리스트가 망라되어 있었다. 한 논평자가 지적했듯, "레게와 페기다"*의 혼합물이었다. 많은 이들이 "우리의 자유를 강도질하는" 정부를 규탄하면서, 마스크를 착용하고 사회적 거리두기를 행하라는 정부의 지침을 비웃었다. 그들은 슬로건이 담긴 표지판을 손수 만들어 치켜들었다. "코로나는 거짓 경보다." "입마개를 강제로 씌우려

* [역주] reggae and Pegida, 레게는 히피를 상징하는 음악 장르이며, 페기다는 극단적 우파로 반反이민 집단이다.

한다." "백신 대신 자연 예방." "우리가 두 번째 유행이다." 이 주장들 가운데는 팬데믹의 존재야말로 세상에 유일한 진짜 음모라는 설도 있었다. 음모론자 중 한 명은 생텍쥐페리의 『어린 왕자』를 인용하면서, "오로지 마음으로만 선명하게 볼 수 있다"고 발언했다. 여기서 '마음'은 가장 순수한 형태의 이데올로기를 표상하며, 우리가 일상생활에서 전제하는 뿌리 깊고 거의 '본능적인' 태도를 뜻한다. 〈타게스슈피겔〉이 보도했듯, "바이러스는 개인들 간의 분리가 몸과 세계의 분리만큼이나 허구적이라는 것을 증명한다. 우리는 발을 디뎌 세계로 '진입하고', 손으로 '파악하며', 입으로 '떠든다.' 바이러스에 대항하는 올바른 길이 필연적으로 부자연스러운 이유는 이 때문이다."* 우리는 여기서 과학과 일상생활의 경험 간 오래된 간극, 현재는 그 극단까지 벌어진 간극을 만나게 된다.

코로나바이러스에 관한 니콜 바리아-아센조Nicol A. Barria-Asenjo의 짧은 책 『새로운 일상의 구성*Construction of a New Normality*』(2021)의 제목은 되도록 진지하게 받아들여야만 한다. 코로나바이러스 팬데믹은 우리의 의료보장 체계, 경제, 정치적이고 사회적인 관계, 그리고 정신건강을 망가뜨렸을 뿐만 아니라 오직 철학으로만 접근 가

* 「지역, 연방, 전 세계의 코로나바이러스 현황」, "Alle Corona-Fälle in den Landkreisen, Bundesländern und weltweit", https://url.kr/niyj6z

능한 훨씬 더 근본적인 사태를 초래했다. 우리가 아주 진지하게 해석해야만 하는 용어인 '일상성'에 관한 우리의 감각을 위협한 것이다. '일상성'은 라캉이 '대타자'라고 불렀던 것이다. 그것은 상징질서, 즉 우리의 심리적 삶뿐만 아니라 우리가 '현실'로 경험하는 것과 관계 맺는 방식까지 구조 짓는 법칙과 실행의 네트워크를 표상한다.

여기서 우리가 현실로 경험하는 것은 그저 '바깥에서' 발견되기를 기다리면서 존재하지 않으며, 우리의 상징적 우주에 의해 매개('구성')된다는 초월적 사유의 교훈을 받아들여야 한다. 이 사유의 가장 초보적 사례는 이렇다. 중세 후기 유럽에서 '현실'은 정신적 권력에 의해 침윤되어 있는 것으로 체험되어서 심지어는 자연현상들도 숨겨진 의미를 품고 있다고 여겨졌고, 우주 그 자체는 지고의 지성에 의해 통제되는 살아 있는 전체였다. 근대에 접어들어 의미가 주관화되자, '객관적 현실'은 자연의 법칙을 따르는 메커니즘이 되고, 거기에 의미를 부여하는 것은 오로지 우리 인간이 되었다. 『광기의 역사』에서 푸코는 이러한 변화의 다른 측면, 즉 광기의 변화된 위상에 관해 서술한다. 르네상스 시대에도 광기는 정신적인 것(신성하거나 사악한 정령에 사로잡힌 결과)으로 받아들여졌고, 그 숨겨진 의미를 밝히기 위해 탐구되어야 하는 무엇이었다. 그러다 합리주의적 고전주의가 도래하자 광기는 다른 질병과 마찬가지로 생리적 과정이 되어, 순전히 의료 방법으로 치료되어야 했다. (정신건강의학이 생겨난 이유가 여기에 있다.) 『말과 사물』에서 푸코는 나중의 변화, 즉 고전주의의 체계적 합리주의에서 (다윈과 마르크스를 모두 포괄하는) 인간주의적 진화론과 역사주의로의 전환을 묘사한다.

이러한 인식론적 전환은 우리의 주관적 현실 인식이 변화하는 것에 그치지 않고, 우리가 현실을 받아들이고 상호작용하는 방식도 결정한다. 게오르크 루카치György Lukács가 지적했듯, 자연 그 자체는 역사적 범주다. 거대한 역사적 단절과 더불어 우리가 '자연'이라고 간주하는 것에 관한 기본적 이해는 달라진다. 17세기 절대주의 왕정 시기에 자연은 종들과 하위 종들이 이루는 위계질서 체계로 나타난다. 자본주의적 경쟁으로 특징되는 역동적 19세기에는 자연이 생존을 위한 진화적 투쟁의 장소로 현상한다. (다윈이 맬서스의 통찰을 자연에 이식하는 방식으로 자기 이론을 발명했다는 것은 잘 알려져 있다.) 20세기에 자연은 체계 이론의 관점으로 인식되었다. 중앙 집중화된 복지국가가 쇠퇴한 이후 최근 수십 년 동안에는, 자연적 과정의 자기 발생적이고 자기 조직적인 역학으로의 변화와 새로운 형태의 자본주의로의 이행을 나란히 놓는 일이 매우 일반적이다.

그렇다면 여기서 왜 그저 철학만이 아니라 정신분석이 필요한

가? 코로나바이러스 팬데믹이 거대한 규모의 정신 쇠약증과 여타 정신적 병리 증상을 유발하기 때문만은 아니다. 라캉이 힘주어 강조했듯, 프로이트의 기본적 임상 범주들(히스테리, 강박신경증, 도착증, 편집증)은 동시에 초월론적이고 존재론적 범주들, 혹은 하이데거가 '세계의 탈은폐의 양상들'이라고 불렀던 것이기도 하다. 예컨대 강박신경증은 우리의 심리적 삶의 한 특징일 뿐만 아니라 우리가 하나의 전체로서의 현실과 관계 맺는 방식에 관한 구체적 전망이기도 하다. 마찬가지로, 히스테리성 질문은 (주인이라는 지배적인 인물에 의해 규정된) 우리의 '일상성'을 의심하는 양태이며, 편집증은 또한 우리를 핍박하고 통제하는 숨은 조종자의 손에 현실이 지배된다는 관점을 지니고 있다.

바리아-아센조와 로드리고 아길레라 헌트Rodrigo Aguilera Hunt는 최근 팬데믹의 영향을 프로이트가 창안한 꿈의 구조를 통해 분석하자고 제안했다.* 여기서 핵심은 꿈의 내용과 그 내용이 드러내는 무의식의 소망을 구분하는 것이다. 꿈의 고유한 무의식적 내용을 생산하는 것은 바로 이 꿈 내용(프로이트가 '꿈 사고'라고 부른

---

* 니콜 바리아-아센조 · 로드리고 아길레라 헌트, 「칠레 사회에서 트라우마적 꿈이 한낮에 드리운 잔재로서의 코로나바이러스」. Nicol A. Barria-Asenjo·Rodrigo Aguilera Hunt, "El coronavirus como resto diurno de un sueño traumático en la sociedad chilena", 〈topia.com.ar〉, 2020년 3월.

것)의 암호화(난독화)이고, 명시적 꿈의 맥락으로 이를 번역하는 작업이다. 이 말은 꿈의 진정한 비밀이 숨겨진 내용(꿈 사고)이 아니라 바로 그 형식에 있다는 뜻이다. 프로이트의 용법을 따르면 다음과 같다.

> 잠재된 꿈 사고는 꿈 작업이 현시된 꿈으로 변형시키는 재료다. (…) 꿈 작업은 결코 이 사고를 우리에게 친숙한 오래된 혹은 퇴행적 표현의 양태로 번역하는 일에 국한되지 않는다. 이에 더해 꿈 작업은 다른 무엇, 즉 전날의 잠재된 사고의 일부가 아니라 꿈을 형성하는 데 영향을 미친 진정한 원동력도 주기적으로 간직한다. 이 불가피한 첨가는 마찬가지로 무의식적인 소망으로서, 이의 실현을 위해 꿈 내용은 새로운 형태를 부여받는다. 따라서 우리가 꿈이 표상하는 사고만을 다루는 한, 하나의 꿈은 그 어떤 것(경고, 의도, 준비 등)도 될 수 있다. 그러나 꿈은 또한 이미 무의식적 소망의 성취고, 우리가 이 소망을 꿈 작업의 결과로 간주한다면 그저 소망의 성취일 뿐이다.*

---

* Sigmund Freud, *Introductory Lectures on Psychoanalysis*(Harmondsworth: Penguin Books, 1973), pp. 261~262 .

여기서 프로이트가 펼치는 통찰의 핵심은 잠재된 꿈 사고와 현시된 꿈 내용, 그리고 무의식의 소망 사이 '삼각관계'다. 이 통찰은 꿈을 분석하는 해석학적 모델(현시된 꿈 내용이 그 숨겨진 의미, 잠재된 꿈 사고와 연결되는)의 관점의 한계를 지적(아니 직접적으로 약화시킨다)한다. 꿈 작업은 단지 꿈의 '진짜 메시지'를 가리는 과정에 그치지 않는다. 꿈의 진짜 핵심, 그 무의식적 소망은 오로지 이 가리는 과정을 통해서만 그대로 새겨지며, 따라서 우리가 꿈 내용을 그 소망에 표현된 꿈 사고로 거슬러 올라가 번역하는 순간 우리는 꿈의 '진짜 원동력'을 잃게 된다. 요컨대 꿈속에 그 진짜 비밀을 새겨 넣는 것은 가리는 과정 그 자체다. 따라서 우리는 꿈의 핵심으로 더 없이 깊이 침투한다는 표준화된 관념을 뒤집어야 한다. '더 심층의' 소망은 잠재된 꿈 사고와 현시된 꿈 내용 간의 바로 그 간극에 자리 잡고 있다.

어쩌면 디지털 우주와의 병치가 여기서 도움이 될 수도 있겠다. 꿈의 무의식적 소망과 (잘해야 전의식적인) 꿈 사고 간의 구분이 다크 웹dark web과 딥 웹deep web의 구분법과 유사하지 않은가? 우리는 특수한 코드(이메일 계정을 열기 위한 암호와 같은)만 알면 딥 웹 사이트에 접속할 수 있다. 다크 웹은 더 근본적으로 접속이 불가능하다. 다크 웹상의 사이트를 식별하는 일에만 별도의 소프트웨어가 필요하다. 접속하는 방법만이 아니라 사이트 자체가 비밀이어서 다크 웹은 디지털 우주의 무의식이다. 이와 유사하게, 코로나바이러스 팬데믹의 배경을 이루는 적대와 위기의 난맥상은 팬데믹의 딥 웹과 같아서 단순한 사회적 분석만으로도 풀릴 수 있지만, 팬데믹이 촉발한 초월적이고 존재론적인 재난은 다크 웹과 같아서 우리 대부분은 알 수조차 없는 영역이다.

유사한 구분법의 또 다른 사례로는 사회적 법률을 어기는 단순 범죄 및 범죄와 싸우는 과정에서 국가가 저지르는 범죄(개인에 대한 불법적 통제와 핍박) 간의 구분이 있다. 첫 번째 유형의 범죄가 사회의 딥 웹이라면, 두 번째 유형은 사회의 다크 웹이다. 후자의 경우 우리가 단순히 법과 그것의 위반 간의 대립에 근거를 두면 보이지 않는다. 이 '사회적 무의식'으로 부를 수밖에 없는 것을 검토하는 과정에서 다음과 같은 의문이 생긴다. 법의 지배력 그 자체와 공명하는 범죄성(불법성)의 필연적 압박, 즉 범죄성을 단지 법의 우연적 일탈이 아니라 법의 구성적 계기로 작동시키는 압력이 존재하는 것 아닐까?

이 모든 것이 코로나바이러스와 무슨 상관이 있을까? 내 가설은 우리가 사회적 사실로서의 팬데믹 이면에서 프로이트의 삼각관계와 유사한 것을 쉽게 찾아낼 수 있다는 것이다. 코로나바이러스 그 자체는 "명시적 꿈 텍스트," 즉 미디어가 초점을 맞추는 지점, 우리 모두가 떠들어대는 대상(꿈)으로서, 그저 실제 현상에 불과하지 않고 환상적 연계의 대상, 꿈과 공포의 대상이다. 오늘날 팬데믹은 주인 기표master signifier 혹은 클라우디오 마그리스Claudio Magris가 지적했듯, "우리 사고의 폭군"이다. "모든 폭군처럼 팬데믹은 우리가 그것 말고는 다른 아무것도 말하지 않기를 원한다."* 이 주인 기표는 그 '꿈 내용'을 이루는 서로 연결된 일련의 현실적 삶의 사실과 과정 전체(대재앙의 현대적 전달자들)에 의해 중첩 결정된다. 그 꿈 내용에는 의료 위기의 현실만이 아니라 생태학적 위기(지구온난화, 심층 해양오염과 광산 개발의 효과)도 있고, (실업, 광범위한 기근의 위협 같은) 경제적 위기도 있으며, 수많은 나라들을 내전의 지경으로 몰고 가는 사회적 불안의 새로운 물결도 있고, 부지불식간에 전쟁으로 분출될 수 있는 국제적 긴장도 있으며, 당연히 정신건강의 위기도 존재한다. 요컨대 팬데믹은 우리 사회에 이미 존속하고 있는 긴장들을 폭발시킨 일종의 기폭 장치(뇌관) 구실을 한다.

라캉의 명제인 "대타자의 대타자는 없다"가 코로나바이러스 팬데믹을 이해하는 작업에서 중요하다고 강조했던 알프레도 에이델츠타인Alfredo Eidelsztein이 옳은 이유가 여기에 있다.** 우리의 가장

* 클라우디오 마그리스, 「코로나바이러스, 우리를 가르는 새로운 벽」. Claudio Magris, "Coronavirus è un nuovo muro tra noi", 〈corriere.it〉, 2020년 5월 7일.

** 니콜 바리아-아센조의 알프레도 에이델츠타인 인터뷰, https://url.kr/huc9gv

기본적인 경험은 탈중심화다. 우리는 우리 자신의 집에서 주인이 아니며, 여러 얼굴을 한 타자와 (때로는 모순되는) 결정들(경제적, 이데올로기적, 사회적, 생태적, 그리고 생물학적 결정들)의 혼합체에 좌지우지된다. 여기서 우리는 이 다면적 타자 뒷면에서 "대타자의 대타자", 즉 은밀하게 줄을 당겨서 게임을 조종하는 (신, 운명, 자연 같은) 더 위대한 실체를 찾고 싶은 유혹을 느낀다. 팬데믹과 관련시켜보면, 이 사태를 한꺼번에 설명해줄 수 있는 어떤 단일한 원인(자본주의, 기후, 중국, 음모)은 없다. 그렇다고 팬데믹이 다수의 과정들이 우연적으로 중첩 결정된 결과에 불과한 것은 아니다. 팬데믹은 그 (다수의) 원인들로 단순히 환원할 수 없다. 코로나바이러스로 인해 무언가 새롭고 예상하지 못한 일이 생겨났고, 헤겔식으로 말하면 선행전제를 소급적으로 상정하는 우연적 전역 형태*가 등장했다. 요컨대 팬데믹은 현대의 체계 이론이 "창발 속성"**이라고 부른 그 무엇이다. 창발 속성은 "전혀 예측되지 않은 채 물질들 속에서 떠오르는 현상과 생물체 내에서 떠오르는 행동을 포함하는 속성들이다. 이 속성들은 한 체계의 협력적 기능에서 생겨나

---

* [역주] 全域形態, 개별 현상에서 모습을 드러내는 전체적인 윤곽의 형태. 헤겔의 구체적 보편성 개념이 이와 유사하다.

** [역주] emergent properties, 하위 체계로부터 생겨나지만 하위 체계로 환원되지 않는 속성을 말한다.

지만 그 시스템의 어느 한 부분에 귀속되지 않는다."*

이 복잡한 구조 때문에 팬데믹이라는 프리즘은 다른 사회적 사건들을 그 진정한 면모로 바라볼 수 있게 한다. 앤절라 네이글Angela Nagle은 「아일랜드는 각성 유행에서 살아남을까」라는 칼럼에서 기막힌 사례를 제공했는데, 인종차별에 항의하는 수많은 지식인이 때로 맹목적이라고 지적한다. 자기 자신이 행하는 인종차별을 보지 못한다는 의미에서라기보다 자신들을 착취받는 불안정한 노동자precarious workers가 아니라(그들은 종종 그렇다) '유죄의' 특권적 백인 엘리트 구성원으로 인식한다는 뜻에서 그렇다.** 강단의 엘리트에 속하는 사람들이 가난하고 착취당하는 사람들과 연대를 이룰 때 일으키는 일반적 문제와 정반대되는 현상이다. 현재의 반인종차별 시위에서, 착취당하는 지식 노동자들이 여분의 자기채찍질에 몰두하고 있는 것이다. 얼마나 기막힌 이데올로기의 성취인가! 캘리포니아의 거대 기술 기업이 인종차별과 성차별에 반대하는 싸움을 주도하는 와중에 그들의 실제 희생자들은 스스로의 정체성을 멸시하면서 자기비판적인 의식을 행하는 일에 유혹된다.

* 다음에서 인용. 「창발 속성이란 무엇인가」. "What are emergent properties?", 〈sciencing.com〉, 2018년 10월 9일

** Angela Nagle, "Will ireland survive the woke wave?", 〈unherd.com〉, 2020년 7월 13일.

이 거대 기술 기업은 물론, 팬데믹으로부터 가장 많은 이윤을 얻고 있다.

팬데믹으로 인해 "모든 것이 갑자기 변했다"는 일반적 주장을 문제 삼는 두에인 러셀이 옳은 까닭도 여기에 있다. "모든 것이 갑자기 변했다. 왜냐하면 (여기가 나의 헤겔적 순간이다) 전에 늘 그랬던 것보다 지금의 사태가 더 똑같기 때문이다."* 이 말을 정확히 어떻게 읽어야 하나? 현재의 사태가 전에 늘 그래왔던 것보다 더 똑같다는 사실은 현실과 겉모습의 괴리가 현실 자체의 내재적 일부이자 그 현실을 구성한다는 것을 뜻한다. 도식적으로 말해보자면, 만일 우리가 현실에서 겉모습을 빼버린다면 현실 자체는 붕괴한다. 사회 현실과 이데올로기의 관계로 돌아가보면, 자유와 평등이라는 거짓 외양 아래 인종차별과 성차별 등의 현실이 존재한다고 말하는 것은 너무 단순하다. 실제로는 외양의 밑에 있는 것보다 외양에 더 많은 진실이 있다. 마르크스에게 자본주의적 착취는 표면적 외양이라는 차원의 밑에서 벌어지지 않고 외양 그 자체에 새겨져 있었다. (예를 들어, 자본가와 노동자 간의 '자유롭고 평등한' 교환이라는 외양이 그러하다) 인종차별주의와 성차별주의는 착취의 숨겨진 원인이나 진실이 아니라 때로는 착취를 환상적으로 신비화

---

* 인용은 전부 러셀과의 개인적 대화에서 온 것이다.

하는 기능을 수행할 수도 있다. 예를 들어, 마치 인종차별이나 여성의 종속이 착취의 원인이라는 듯이 착취를 여성이나 흑인의 종속 상태 탓으로 돌리는 경우가 그렇다. 팬데믹의 측면에서 보면, 러셀의 사유 전개 과정은 애매하고 충분하지 못하다. "라캉은 우리가 잠에서 깨는 것은 현실의 삶에서 계속 꿈을 꿀 수 있기 위해서라고 주장한다. 이와 마찬가지로, 팬데믹의 '자명종' 기능이 다름 아니라 우리로 하여금 우리의 가장 내밀한 병리적 행동들을 불러 깨우는 일에 봉사하는 것도 진실이 아닐까? 이것이 외국인 혐오, 인종차별, 가정폭력과 같은 것의 발생을 설명해주지 않을까?"

이 서술에는 중간 항목이 빠져 있다. 팬데믹이 있기 전에 우리는 전 지구적 자본주의 이데올로기라는 "진짜 현실에서 꿈꾸고" 있었고, 팬데믹에 대응해서 우리는 다시 한번 이데올로기적 현실로 깨어났다(탈출했다). 그런데 이 둘 사이에는 진짜 트라우마적 단절이 존재한다. 이를 자세히 살펴보자. 이데올로기적 꿈으로의 깨어남은 정확히 어떻게 작동하는가? 이데올로기적 꿈은 현실과 단순히 대립하지 않는다. 그 꿈들은 (우리가 경험하는) 현실을 구성한다. 그렇지만 만일 우리가 현실로 경험하는 것이 환상에 의해 구성된다면, 그리고 환상이 우리가 날것의 실재에 직접적으로 압도되지 못하도록 막아주는 스크린으로 기능한다면, 그때는 현실 그 자체가 실재와의 만남으로부터의 도피로 기능할 수 있다. 현실과 꿈의 대립

관계에서 환상은 현실 쪽에 있고, 우리가 트라우마적인 실재와 마주치는 것은 꿈에서다. 따라서 현실을 견딜 수 없는 사람에게 꿈이 필요한 것이 아니라 꿈(에서 공포되는 실재)을 견딜 수 없는 사람에게 필요한 것이 현실이다.

이것이 바로 라캉이 프로이트의 『꿈의 해석』에 기록된 그 유명한 꿈에서 끌어내는 교훈이다. 아들의 관을 지키고 있는 동안 잠들어버린 아버지의 꿈 얘기 말이다. 이 꿈에서 죽은 아들은 아버지에게 나타나 무시무시한 호소를 한다. "아버지 내가 불타고 있는 게 안 보여요?" 아버지가 꿈에서 깨었을 때, 촛불이 넘어지는 바람에 아들의 관을 감싼 천에 불이 붙은 것을 발견한다. 아버지는 왜 꿈에서 깨었나? 연기 냄새가 너무 지독한 나머지 급조된 꿈에 그 화재를 포함하는 식으로 잠을 더 이상 연장하지 못하게 했기 때문이었을까? 라캉은 훨씬 더 흥미로운 읽기를 제시한다. 불행한 아버지를 잠에서 깨운 것은 외부 현실로부터 신호가 침입했기 때문이 아니라 그가 꿈에서 마주했던 것이 참을 수 없이 트라우마적인 성격을 띠었기 때문이었다. '꿈꾸기'가 실재와 마주치지 않기 위해 환상을 꾸미는 것을 뜻하는 한, 아버지는 글자 그대로 계속 꿈꿀 수 있기 위해서 잠에서 깨어난 것이다. 따라서 시나리오는 다음과 같다. 아버지의 잠이 연기로 인해 방해받았을 때 그는 잠을 연장하기 위해 성가신 요소(불)를 포섭하는 꿈을 재빨리 만들었다. 그런데 그가 꿈에서 마주친 것은 현실보다 훨씬 더 강력한 (아들의 죽음에 관한 책임감과 관련된) 트라우마였다. 그래서 그는 실재를 거부하기 위해 현실로 깨어났다.

이런 구조가 코로나바이러스 팬데믹의 경우에 어떻게 작용하는가? 여기서 나는 바리아-아센조와 헌트의 분석에 신세를 진다. 팬데믹은 현시된 '꿈 텍스트'보다 더 근본적으로 우리의 편안한 이데올로기적 잠을 방해하는 외부 현실로부터의 침입자 같은 역할(불타는 천과 연기에 해당한다)을 한다. 이 외부의 침입자는 우리의 일상 현실을 방해할 뿐만 아니라 우리의 전 지구적 위기에 대한 트라우마적 인식(불타는 아들의 등장에 해당한다)을 촉발한다. "팬데믹이 빙산의 일각인 게 보이지 않나요? 다가올 다른 감염병에서 지구온난화에 이르기까지 우리의 생존 자체를 위협하는 일련의 재앙들 전체의 대리자인 게 보이지 않나요? 팬데믹이 전 지구적 비상사태를 예비하는 총연습에 불과하다는 게 보이지 않나요? 우리가 사는 세상이 불타고 있는 게 보이지 않나요?" 이 악몽과도 같은 전망은 진정한 깨어남으로 우리를 인도한다. 그리고 그 진정한 깨달음을 회피하기 위해서, 즉 계속 꿈을 꾸기 위해서, 우리는 평범한 현실로 깨어난다. 이 거짓 깨어남은 다면적 형태를 띠고 있다. 일상으로의 복귀(코로나바이러스가 진짜 위협임을 완전히 부정하는 일), 음모론, 인종차별주의(전염병 발생을 인종적 타자의 탓으로 돌리는 것), 그리고 기업 자본의 기술-디지털 진영이 제안한 '뉴딜 정책'이 있다. 이 '뉴딜 정책'은 결연하게도 친페미니즘적이고 반인종차별적이지만, 여전히 진정한 각성으로부터의 도피일 뿐이다.

"코로나바이러스가 우리에게 '사회적 거리두기'에 눈뜨게 했지만 거리두기 자체를 그대로 도입한 것은 아니다"라고 지적했던 러셀의 말은 옳다. 그는 이렇게 설명한다.

우리는 물리적으로 계속 거리를 둠으로써 사회적 관계가 실제로 한때 (팬데믹이 있기 전, 어느 먼 역사적 시기에) 존재했었다고 스스로 믿게 된다. 하지만 수십 년 간의 임상적 자료로 보건대 사회적 관계는 결코 존재한 적이 없었다는 게 분명하다. (…) 코로나바이러스가 진행되는 동안 (그 바람에 맥루한이 '지구촌'이라고 불렀던 시간이 되어버린 시대에) 우리가 실제로 과거에 그랬던 것보다 훨씬 더 사회적으로 연결되어버린 게 사실이 아닐까? 수많은 사람들(교사, 의료 노동자, 그리고 가족들과 함께 작은 집 내부에 갇혀 있어야만 하는 사람들)에게 우리는 전보다 더 사회적으로 연결되어 있다. 우리 자신의 정신건강과 행복을 위해 우리는 이렇게 강화된 유대로부터 떨어져 나오는 새로운 방식을 필요로 한다.

나는 "우리는 물리적으로 계속 거리를 둠으로써 사회적 관계가 실제로 한때 (팬데믹이 있기 전 어느 먼 역사적 시기에) 존재했었다고 스스로 믿게 된다"는 러셀의 주장을 정확히 조르조 아감벤을 포함하여 방역과 거리두기 조치들에 복종하는 우리를 윤리적 재앙, 즉 이전에 존재했던 사회적 관계를 자발적으로 포기한 것으로 보는 사람들에 대한 함축적 비판으로 읽는다. 앞서도 주장했듯, 팬데믹에 대한 방역 차원에서 시행된 물리적 거리두기로 인해 자가 격리된 가족들 사이에서뿐만 아니라 가족들 바깥의 다른 사람들과도 (주로 디지털 미디어를 통해) 사회적 연결성이 강화되었고, 물리적 친밀성도 폭발적으로 증가했다. 우리는 팬데믹으로 인해 공동체적 삶에서 격리된 삶으로 이동한 게 아니다. 그보다는 친밀성과 거리두기가 하나의 양상에서 다른 양상으로 복잡하게 변화했다고 보는 것이 옳다. 방역으로 인해 실제적이고 육체적인 사회적 상호작용의 여지는 감소했지만 사회적 의존과 통제에 관한 새로운 규범이 등장했다.

이 새로운 양상은 많은 예상치 못한 역설을 동반한다. 예를 들어, 대리언 리더Darian Leader가 지적했듯, 국가가 강제한 물리적 거리두기는 어떤 의미에서 우리에게 일을 수월하게 만들어준다. "나는 다른 사람들이 얼마큼 내게 다가오길 원할까? 다른 사람들과의 적절한 거리를 어떻게 만들 수 있을까? 다른 사람들이 나의 사적 공간을 어떻게 존중하게 만들 수 있을까?"와 같은 의문들이 더 이상 내적 투쟁이 아니게 된다. 규칙들이 확실하게 외부에서 부과된다.*

거리두기를 준수하기 위한, 정말 글자 그대로이자 구체적인 규칙이 외부에서 부과됨으로써 많은 사람들이 자신들의 삶에서 사라져버렸다고 느끼는 경계들이 만들어지고 강화된다. 거리두기 규칙이 느슨해지거나 방기되고 있는 세계의 일부 지역에서 사람들은 적절한 거리두기를 다시 정립하려는 노력이 더 많이 이루어지기를 기대하고 있다. 이 일은 어떤 경우에는 강제적 형식을 띨 수도 있다.

나는 폭력이 대부분 적절한 거리두기를 다시 세우려는 사람들에 의해 직접적으로 발생한다기보다 이러한 노력에 대항하는 저항의 행위로 나타난다는 점을 덧붙이고 싶다. 마스크를 쓰라는 요구를 받았을 때 비행기와 버스의 승객들이 난폭하게 반응하는 모습을 보여주는 전 세계 수많은 보도를 떠올려보자.

* 대리언 리더, 「팬데믹에 대한 몇 가지 생각」. Darian Leader, "Some thoughts on the pandemic", 〈journal-psychoanalysis.eu〉, 2020년 8월 19일.

이렇게 희한한 저항은 코로나바이러스 팬데믹과 이를 중첩 결정하는 사회적 원인들 간의 상호작용으로는 설명할 수 없다. 여기에는 제삼의 차원(진짜 트라우마, 즉 꿈의 '무의식적 소망'과 막연하게 상응하는 것)이 작용하고 있으며, 이는 팬데믹이 촉발한 존재론적 재앙이고, 일반적 '정신의 위기'를 한참 넘어서는 현실을 향한 우리의 기본적 접근성의 좌표들이 손상되었다는 것을 뜻한다. 이 존재론적 재앙은 또한 알고자 하지 않는 의지가 지속적으로 대규모로 재출현하는 원동력이기도 하다.

바이러스가 우리의 삶을 위협하는 현재와 같은 시절에 우리의 지배적 태도는 '알고자 하는 의지'일 거라 여겨진다. 바이러스를 성공적으로 통제하고 제거하기 위해 그 작동방식을 충분히 이해하려는 의지 말이다. 하지만 우리가 점차로 목격하는 것은, 지식이 우리의 일상적 삶의 방식에 제한을 가하려 할 경우 오히려 바이러스에 관해 너무 많이 알려고 하지 않는 의지가 나타난다는 것이다. 가톨릭교회는 근대과학의 발흥에 대응하여 어떤 것들은 우리가 알지 않는 것이 더 낫다고 주장하며 이와 유사한 태도를 아주 오랫동안 유지해왔다. 이러한 입장의 메아리를 계몽주의의 위대한 주창자인 칸트에서도 찾을 수 있는데, 그는 (『순수이성비판』의 두 번째 판 서문에서) "믿음의 여지를 만들기 위해 지식을 파괴"해야만 했다고 서술했다. 오직 신앙만이 우리의 자유와 도덕적 자율성을 지켜줄 수 있다는 얘기다.* 오늘날의 인지과학도 마찬가지 딜레마를 제기한다. 만약 뇌 과학이 자유의지는 없다고 결론을 내린다면 이는 우리의 도덕적 자율성에 어떤 영향을 줄까? 과학의 결과가 자율성과 자유에 관한 우리의 지배적인 관념에 위협을 가한다면, 우리는 과학을 잘라내야 할까? 이러한 궁지에서 벗어나기 위해 우리가 지불하는 대가는 과학과 윤리학 간의 물신주의적 분열이다. ("과학이 무슨 주장을 하는지 잘 알고 있지만, 그럼에도 불구하고 내 자율성—혹은 내 자율성의 외양—을 유지하기 위해 나는 그 주장을 차라리 무시하고 마치 알지 못하는 것처럼 행동하련다.") 현대의 으뜸가는 계몽주의 철학자인 하버마스가 세속화의 변증법에 관해 요제프 라칭거Joseph Ratzinger 추기경(나중에 교황 베네딕토 16세가 된 인물)과 함께 책을 썼다는 사실에는 엄청난 아이러니가 있다. 그 책에서 두 사람은 서로의 차이에도 불구하고 인간 존재가 "탈세속적" 시대에 살고 있다는 명제를 인정하며, 탈세속적 시대에는 과학의 주장이 인간의 자유와 존엄성에 위협을 가하지 않도록 제한되어야만 한다고 강조한다.** 코로나바이러스 팬데믹의 진정한 파

---

* 칸트, 『순수 이성 비판』, 다음 판본을 참고했다. https://www.gutenberg.org/files/4280/4280-h/4280-h.htm#chap02

** 다음 책을 참고하라. Jürgen Habermas and Joseph Ratzinger, *Dialektik der Saekuralisierung*(Freiburg: Herder Verlag, 2011).

급력을 무시하는 사람들은 이와 비슷하게 행동한다. 바이러스에 관한 자세한 지식이 우리가 자유롭고 기품 있는 삶이라고 생각하는 것을 위협하는 조치들로 이어질 수 있다는 이유로, 마치 아무런 심각한 일이 벌어지고 있지 않은 것처럼 행동하는 편이 낫다고 여긴다. 과학자들이 백신을 찾는 건 허락할 테니 자신들도 평소처럼 삶을 계속할 수 있게 내버려두라는 것이다.

되풀이하자면, 나는 여기서 내가 '알고자 하지 않는 의지'의 특별한 사례로 간주하는 것에 관심이 있다. 다시 말해, 현재 확연히 드러난 팬데믹을 심각하게 받아들이지 않으려는 광범위한 거부, 대체로 뉴라이트 포퓰리스트의 태도만이 아니라 몇몇 좌파들의 태도에 관심이 있는데, 이는 단호한 거부와 음모론을 포함하는 다양한 형태로 드러난다. 여기서 나는 다섯 가지 중요한 논점을 강조하고 싶다.

(1) 내 관심을 끄는 것은 코로나바이러스를 사유하길 거부하는 대부분의 형태에서 무지가 특별한 내부자의 지식이라는 적극적 형식, '대부분의 사람들'은 보지 못하는 것을 안다는 통찰의 형식을 상정한다는 사실이다. 팬데믹의 심각성을 부정하는 사람들은 은밀한 음모, 완벽한 사회적 통제를 부과하려는 '심층 국가'의 모의에 관해 떠든다. 요컨대, 무지는 대부분 입문자에게만 제공되는 과잉

지식의 형태를 띠고 있다. 곁가지 얘기지만 이런 이유로 나는 지배적인 무지의 형태를 예시하기 위해 아무것도 보거나 듣거나 말하지 않는 원숭이 세 마리*의 이미지를 활용하지 않는다. 알고자 하지 않는 의지의 소유자들은 자신들의 눈을 크게 뜨고 (다른 사람들에게 보이지 않는 사이비 사실들을 보면서) 세심하게 (음모론에) 귀를 기울인다.

(2) 코로나바이러스에 관한 앎을 막는 지배적인 형식 중 하나는 직접적 부정이 아니라 정신분석이 사물성애(물신)적 부인이라고 부르는 태도, 즉 "(팬데믹이 심각하다는 것을) 나는 잘 알고 있어, 그렇지만……"이라는 상용구를 따르는 태도 같은 형식을 띤다. 알고는 있지만 나는 팬데믹을 인정할 수 없고, 내 지식의 상징적 유효성을 중지하여 모르는 것처럼 계속 행동한다. (나와 가까운 사람이 사망했다는 것을 알게 되었을 때 이와 비슷한 일이 종종 벌어진다. 이성적으로는 알고 있지만, 실제로 주관적으로는 이 지식을 인정하지 않는다.)

---

* [역주] 악한 일에는 귀를 닫고, 눈을 감고, 말하지 않는 것이 좋다는 의미가 담긴 일본의 속담에 나오는 전설적 원숭이의 형상. '영리한 원숭이 세 마리Three Wise Monkeys'라고도 한다.

(3) 나는 과학이 오늘날 남은 몇 안 되는 희망이라고 생각하지만, 단지 과학을 믿지 않을 뿐이다. 과학자들이 거대 제약회사 및 다른 기업에 의해 타락할 수 있기 때문만은 아니다. 여기에는 적어도 두 가지 다른 논점이 있다. 첫째, 과학 그 자체가 통합되어 있지 않으며, 경제적이고 정치적인 타락의 결과가 아닌 코로바이러스에 관한 다른 이론들도 있다. 둘째, 과학적 절차들 그 자체에 내재적 한계가 있는데(여기서는 현대의 실증주의적 자연과학을 지칭한다), 그 때문에 하이데거는 "과학은 사유하지 않는다"고 썼다. 여기서 '사유'한다는 것은 우리에게 큰 그림을 보게 하는 반성적 절차가 수반되는데 이는 과학이 하지 않는 일이다. 과학은 자기 자신의 사회적이고 이데올로기적인 선행전제와 함의에 관해 충분히 성찰할 수 없다.

(4) 이는 다음 논점으로 이어지는데, 나는 무지의 긍정적인 측면에 관해 충분히 인지하고 있다. 하이데거가 내처 지적하듯, 과학이 사유하지 않는다는 바로 그 사실은 과학의 장점이다. 헤겔 역시 비슷한 주장을 했는데 추상을 정신의 절대적 힘으로 칭찬했다. 현상의 본질을 파악하려면 우리는 큰 그림에서 많은 것들을 제거하거나 추상해야 한다고 말한다. 일상생활을 영위하기 위해서 우리는 많은 것들에 무지해야 하며, 이는 윤리의 경우에도 유효하다.

누군가 엄청난 범죄를 저지른 사람이 자신이 스스로의 행위를 어떻게 경험했는지 설명(그에게는 더 깊은 의미가 있다고 말함)함으로써 그 범죄를 정당화하거나 상대화하려고 노력한다면, 우리는 선험적으로 이를 기각해야만 한다. 모든 인종 청소의 배후에 항상 무언가 '깊은' 시적이거나 종교적 비전이 있었다는 것을 지적하는 일은 중요하다. 따라서 범죄자가 "나를 이해하려고 해봐요"라고 말할 때 우리의 응답은 "싫어요. 왜냐면 당신이 끼친 해악을 당신이 해명하는 방식은 그 행위의 '내적 진실'이 아니라 허위와 함께 살아가기 위해 당신이 당신 자신에게 이야기하고 있는 거짓말이기 때문이죠"가 마땅하다. 그렇지만 이러한 일반적 통찰은 코로나바이러스 시대에 과학을 믿지 않으려는 현재의 노력들과 아무런 관련이 없다. 마스크 쓰라는 의무에 맞서 항의하는 사람들의 분노에는 아무런 긍정적인 해방의 잠재성도 없다.

(5) 마지막으로, 아마도 가장 중요한 논점은 오늘날, 그리고 일반적으로도 알고자 하지 않는 의지가 팽배해지는 건 권력을 지닌 자들이 피억압자의 지식을 조작하고 제약한 결과로 환원될 수 없다는 것이다. 두 가지가 이 이미지를 방해한다. 첫째, 조종자들 역시 항상 그들만의 방식으로 조종받고 있다. 권력을 쥔 자들 역시 잘 알지 못하며 오직 모르기 때문에 지배할 수 있다. 이 점이 마르

크스 이데올로기 개념의 핵심이다. 둘째, 피억압자의 무지는 단순히 외부에서 부과된 것이 아니라 그들의 삶의 방식에 내재되어 있다. 미국에서 독일에 걸쳐 마스크 착용과 사회적 거리두기에 대항해 시위를 벌이는 수천 명의 사람들을 예로 들어보자. 그들이 (종종 격렬하게) 행동하는 이유는 자신들의 자유와 존엄이 위협받는다고 느끼기 때문이다. 슬로베니아에서는 많은 학부모들이 자신의 아이들이 학교에서 마스크를 쓰는 것에 맞서 시위했다. 그들은 "우리 아이는 공공연하게 입마개를 써야 하는 강아지가 아니다!"라고 말한다. 우리는 그들을 이해해야 한다. 팬데믹은 우리의 몸에 밴 '일상성', 즉 우리의 삶을 정의하는 기초적 습관들의 일부에 대한 감각을 약화시켰고, 우리가 '부자연스럽다'고 느끼는 방식으로 살아가도록 압박한다. 사람들이 팬데믹의 온전한 진실을 '무시하는' 까닭은 인식론적 한계나 알고자 하지 않는 동물주의적 의지 때문이 아니라 깊은 실존적 불안 때문이다. 이렇게 행동하도록 강제되어도 우리는 여전히 인간인가?

이는 우리 모두가 내려야만 하는 선택이다. 무지에의 의지라는 유혹에 굴복할 것인가 아니면 정말로 기꺼이 팬데믹을 사유할 것인가? 팬데믹을 생화학적 건강 문제만이 아니라 자연에서 우리 인간이 점유하는 위치와 우리의 사회적이고 이데올로기적 관계를 포괄하는 복잡한 총체성에 뿌리를 둔 어떤 것으로 사유할 수 있는가? 이 선택으로 우리는 '부자연스러운' 행동을 받아들이고 새로운 일상성을 만들어내는 결정을 해낼 것인가?

부록

권력, 허상, 그리고 외설에 관한 네 가지 성찰

현재 진행 중인 팬데믹은 환경에 대한 위협에서 경제적이고 사회적인 갈등에 이르기까지, 우리가 사는 세계를 사로잡고 있는 기나긴 위기의 연쇄에 놓인 하나의 연결점에 그치지 않는다. 우리는 팬데믹이 새로운 포퓰리즘적 정치학이 발흥한 세계에서 폭발했다는 사실도 고려해야만 한다. 이 둘 사이의 상호작용(팬데믹은 인종차별적이고 반이민적인 포퓰리즘을 새롭게 자극할 것인가 아니면 더 광범위한 대중에게 그 비효율성을 드러낼 것인가?)뿐만 아니라 공공연하게 외설성을 드러내는 새로운 포퓰리즘의 특수한 본성에 대해서도 더 면밀한 탐구가 필요하다.

새로운 외설적 주인

오늘날 부상하는 외설적 공공영역은 외양과 소문이라는 대립적 관계가 작동하는 방식을 변화시킨다. 외설성이 직접적으로 위세를 떨치기 때문에 외양이 더 이상 중요하지 않게 된 건 아니다. 오히려 외설적 소문을 퍼뜨리거나 외설적으로 행동하는 것은 역설적으로 권력의 겉모습을 밑받침한다. 어떤 면에서 지금의 상황은 최근 수십 년 동안 나온 범죄소설에서 탐정이라는 인물에게 벌어졌던 일과 흡사하다. 탐정은 장애를 겪거나 반쯤 정신 나간 존재일 수 있지만, 실수를 모르는 그/녀의 권위는 난공불락이다. 마찬가지로 정치 지도자는 위엄이 없는 방식으로 행동하면서 외설적 태도 같은 것을 취할 수 있지만, 이 모든 것은 주인으로서 그의 지위를 강화시킬 뿐이다. 이는 자신의 조야한 외설성을 어느 한도까지 기꺼이 밀고 나갈 수 있는지를 보여줌으로써 우리를 끊임없이 놀라게 하는 트럼프의 경우에도 마찬가지다. 전직 FBI 변호사였던 리사 페이지Lisa Page를 향한 공격이 정점에 이르렀을 때, 트럼프는 2019년 미니애폴리스에서 있었던 시위에서 그녀가 자신의 전 애인인 피터 스트로크Peter Strzok와 나눈 문자 메시지를 조롱하듯 재현하는 연기를 펼쳤다. 마치 이 커플이 섹스를 하는 와중이었다는 듯, 오르가즘에 다다른 그녀의 비명을 흉내냈다.* 리사 페이지는 당연하게도 분노로 폭발했다. 그렇지만 동일한 이야기는 거듭 반복된다. 트럼프는 그의 적수들이 그를 망가뜨릴 수 있는 최후의 근거라고 간주했던 일을 딛고 다시 살아남는다.

우리는 여기서 임금님의 새로운 옷이라는 오래된 모티프의 새로운 변형을 마주하게 된다. 원래 (안데르센의) 판본에서는 임금님이 벌거벗었다는 사실을 공개적으로 공표하기 위해 순진한 아이의 눈이 필요했다면, 공공연한 외설성이 지배적인 상황에서는 임금님이 스스로 옷을 입지 않았다고 떳떳하게 공표한다. 그런데 이 공개성은 재의미화된 신비화로 기능한다. 어떻게 그럴까? 왕의 두 몸에 관한 에른스트 칸토로비치Ernst Kantorowicz의 오래된 명제와 연동시켜보면, 오늘날의 포퓰리즘적 임금님은 두 벌의 옷을 지닌 셈이며, 그렇게 해서 그는 자신의 위엄을 지키는 개인적 '옷'을 벗어던지더라도 상징적 지위를 전달하는 기능을 갖는 두 번째 옷은 보유하게 된다. 이런 이유로 트럼프의 외설성을 변태적으로 만드는 것은 그가 아무런 제약도 없이 뻔뻔하게 거짓말을 할 뿐만 아니라 직접적으로 진실을 말하기도 한다는 사실에 있다. 설사 그 진실 앞에서 그가 당혹스러워할 거라 생각하는 사람이 있을지라도 말이다.

2020년 8월, 트럼프가 미국 우편국에 예산을 주지 않을 생각이

* 「트럼프가 리사 페이지를 겨냥해 '오르가즘' 조롱을 퍼붓다」. "Trump target Lisa Page blasts his 'orgasm' mockery of her", 〈bbc.com〉, 2019년 12월 2일.

라고 공언했을 때, 그 감추어진 동기를 폭로하는 데에는 복잡한 분석이 필요하지 않았다. 왜 우편국에 예산을 주지 않으려고 하는지 질문을 받았을 때 트럼프는 사람들이 민주당에 투표를 덜 하게 만들기 위해서라고 공공연하게 말했다.* 거짓말이라 함은 당신이 여전히 암묵적으로는 모종의 도덕적 규범을 인식하고 있다는 것을 전제하지만, 앞서 언급한 사태에서 트럼프가 벌인 행각은 거짓말보다 더 못하다. 말 그대로 진실인 것을 말함으로써 그는 바로 그 진실의 차원을 해체(중지)한다.

진실의 차원 그 자체의 중지는 트럼프가 큐어넌이라는 극우 음모론 집단을 다루는 방식에서 선명하게 드러난다. 그들은 이른바 '심층 국가'가 트럼프와 그의 지지자들에 대항하여 비밀스러운 음모를 만들고 있다고 공언한다. 이 음모론은 2017년 10월에 익명 이미지 게시판인 포챈4chain에 'Q'라는 이름으로 올라온 게시물에서 시작되었다. 추정컨대 이 인물은 처음에는 한 명의 미국인이었지만 나중에 다른 사람들이 합류했다. Q는 트럼프 행정부와 그 반대자들이 연루된 비밀 정보를 손에 넣었다고 주장했다. Q는 수많은 자유주의적 할리우드 배우들과 민주당 정치인들, 그리고 고위

---

* 「트럼프가 우편 투표를 훼방놓기 위해 우편국을 무력화하고 있다고 인정하다」, "Trump admits he is undermining USPS to make it harder to vote by mail", 〈theguardian.com〉, 2020년 8월 13일.

급 관리들이 국제적 아동 성매매 조직의 구성원들이라고 비난했다. Q는 또한 트럼프가 로버트 뮬러Robert Mueller를 임명하여 그 조직을 폭로하고 버락 오바마, 힐러리 클린턴, 그리고 조지 소로스의 쿠데타를 막는 일에 합류시키기 위해 러시아와 공모하는 척했다고 주장했다. 미국 ABC 뉴스가 보도했듯, 여기서 큐어넌에 대한 트럼프의 반응은 흥미롭게 짚어볼 만하다. "백악관은 목요일에 자신을 지지하는 음모 집단을 끌어안은 도널드 트럼프 대통령을 변호했다. 백악관 공보비서관인 케일리 매커내니Kayleigh McEnany는 트럼프가 '자신의 지지자들을 거론하면서' 큐어넌 추종자들을 '국가를 사랑하는' 애국자들이라고 불렀고, 그들의 지지에 감사를 표했다고 말했다."* 트럼프는 신중하게도 자신이 큐어넌의 이론을 진지하게 받아들인다고 말하지는 않았으며, 이 경우에 진실인 두 개의 사실을 확인하는 정도에 그친다. 큐어넌의 이론을 옹호하는 사람들은 자신(트럼프)의 지지자들이며 그들은 미국을 사랑한다는 사실 말이다. 그는 또한 (역시 진실인) 하나의 주관적인 사실, 즉 자신이 그들의 지지에 감사한다는 사실을 덧붙였다. 이것이 가장 투명한 트럼프의 모습이다. 실체적 진실의 문제는 사안으로 거론하지

* 「백악관이 큐어넌의 음모론자들을 껴안은 트럼프를 변호하다」. "WH defends Trump's embrace of baseless QAnon conspiracy followers", 〈abcnews.go.com〉, 2020년 8월 21일.

조차 않는다. 우리는 따라서 점차적으로 이른바 탈진리post-truth의 담론이라고 부를 수 있는 영역에 진입하게 되는데, 이 영역은 전근대적 미신(음모론들)과 포스트모던한 냉소적 회의론 사이를 오락가락한다. 2020년 8월, 프랑스에서 벌어졌던 것과 같은 희한한 사건들("프랑스 전역에 걸쳐 말들이 자상을 입고 귀가 잘리는 엽기적 공격이 벌어졌다. 마구간과 승마클럽에서 제의적 절단 행위로 추정되는 약 서른 개의 사건들이 보고되었다"*)도 역시 근대적 합리성(그 어느 때보다 지금 이것이 필요하다)으로부터의 일반적 퇴행의 일부로 간주될 수 있다.

오늘날의 외설적인 정치적 인물들은 어떤 대가를 치르더라도 흠잡히지 않아야 하는 스탈린적 지도자상과 정반대다. 스탈린적 지도자는 사소한 추행이나 불완전함만으로도 자신의 지위가 무너질 수 있다는 두려움을 느끼지만 우리의 새로운 지도자들은 기꺼이 자신들의 위엄을 포기하는 일을 밀어붙인다. 그들은 이러한 포기가 유명한 작가의 책 뒷면에 실리는 짤막한 약력과 비슷한 작용을 할 것이라고 믿는다. 이 약력은 작가 역시 우리와 마찬가지로 평범한 인간임("한가로운 시간에 아무개는 나비 수집을 즐긴다")을 드러

* 「프랑스 전역의 유혈 공격으로 말들이 자상을 입고 귀가 잘리다」. "Horses slashed and ears cut off in macabre attacks across France", 〈theguardian.com〉, 2020년 8월 29일.

낼 요량으로 쓰인다. 작가의 위대함을 훼손하기는커녕 그러한 약력은 대비("봤지? 아무개같이 위대한 사람도 우스꽝스런 취미가 있잖아")를 통해 그 명성을 강화한다. 우리가 전기적 약력에 매료되는 이유는 단지 그/녀가 위대한 작가이기 때문이다. 그 약력이 평범한 사람의 것이라면, 우리는 관심이 없을 것이다. ("그 같은 무명인이 여가시간에 뭘 하는지 알게 뭐야?")

무엇보다 전통적인 포퓰리즘 지도자와 오늘날의 포퓰리즘 지도자 간의 차이는 오늘날의 지도자가 정치계의 킴 카다시안Kim Kardashian 같은 사람들이라는 점이다. 우리가 킴 카다시안에게 매력을 느끼는 이유는 그녀가 유명하기 때문이지만, 그녀는 유명하다는 바로 그 이유로 유명할 뿐이며, 아무런 의미 있는 일을 하지 않는다. 마찬가지로 트럼프가 유명한 까닭은, 그의 외설성에도 불구하고가 아니라 바로 그 외설성 때문이다. 옛 왕궁에서는 왕들이 종종 광대를 두었는데 그들의 기능은 비아냥거리는 농담과 추잡한 발언으로 고상한 겉모습을 망가뜨리는 것이었다. (그렇게 해서 역으로 왕의 위엄을 확증한다.) 트럼프는 자기 자신이 광대이기 때문에 광대를 필요로 하지 않으며, 그의 행동은 종종 그를 모방하는 사람들의 연기보다 더 우습고 더 싱겁다. 따라서 표준적인 상황이 뒤바뀐다. 트럼프는 그를 둘러싸고 외설적 소문이 회자되는 근엄한 인물이 아니다. 그는 (대놓고) 외설적인 인물로서 그의 외설성은 자신의 위엄을 가리기 위한 가면으로 드러난다. 알렌카 주판치치Alenka Zupančič는 이러한 논리와 고전적인 지배 논리 간의 대비를 이렇게 설명했다. 고전적 지배 논리에서 "왕의 이미지에 생긴 얼룩은 동시에 왕 자신의 얼룩으로, 그 자체로 용납될 수 없다. 새로운 논리는 이렇다. 온갖 가능한 방법으로 이미지가 거세되도록 놔두면 그동안 나는 내가 원하는 거의 모든 일을 할 수 있다. 더 나아가서, 나는 이 새로운 이미지로 인해, 그리고 바로 그 이미지 덕분에 원하는 모든 일을 할 수 있다."*

다시 한번, 이것이 바로 트럼프가 통하는 방식이다. 그의 대중적 이미지는 모든 가능한 방식으로 얼룩져 있고, 사람들은 그가 매번 외설성의 새로운 깊이에 도달함으로써 자신들에게 지속적으로 충격을 준다는 사실에 놀란다. 그러나 동시에 트럼프는 대통령으로서 유례없는 행정 명령을 부과해 '지배'라는 말의 의미를 온전히 실현한다. 거세는 여기서 예외적인 방식으로 뒤집어진다. 라캉이 '상징적 거세symbolic castration'라고 부른 것의 기본적 사실은 나를, 즉 나의 (궁극적으로 비참한) 심리적이고 사회적인 현실을 나의 상징적이고 당위적인 정체성과 분리시키는 간극이다. 내가 왕인 까닭은 나의 내재적인 특질 때문이 아니라 내가 사회적이고 상징적

* 출판되지 않은 원고에서 인용했음.

인 체제에서 특정한 위치를 점하기 때문이다. 즉 다른 사람들이 나를 왕으로 대접하기 때문이다. 오늘날의 외설적 주인으로 인해 '거세'는 그의 공적 이미지로 옮겨진다. 트럼프는 스스로를 비웃으며 위엄의 거의 마지막 자취까지 제거하고, 자신의 적대자들을 충격적인 천박성으로 조롱한다. 그러나 이 자기비하는 그의 행정적 행위의 효율성에 전혀 영향을 미치지 않을 뿐만 아니라 심지어 그가 이런 행동들을 가장 잔인하게 수행할 수 있도록 허용한다. 마치 공적인 이미지의 '거세'를 공개적으로 포용함으로써(위엄의 휘장을 거부함으로써) 실질적인 정치 권력을 완전하고 '거세되지 않은 형태로' 과시할 수 있게 된다. 공적 이미지의 '거세'는 이 이미지가 중요하지 않다거나 오직 실질적 행정 권력만이 중요하다는 신호에 그치지 않는다. 오히려 행정 권력과 강압적 조치의 완전한 행사는 오로지 공적 이미지가 '거세되어' 있을 때만 가능하다.

그러나 효율적이고 터무니없지 않은 행정가처럼 행동하고 공개적으로 그런 이미지를 갖춘 정치가("공허한 의례를 경멸하고 오로지 결과에만 관심이 있는 똑 부러진 친구")의 경우라면 어떨까? 공적인 이미지와 실제 인물 간의 차이는 여전히 그러한 정체성이 작동하는 데 효과가 있으며 우리는 진정으로 효율적인 행정가와 오직 그런 겉모습만 받아들인 인물 간의 차이를 쉽게 분별할 수 있다. 그렇지만 더 중요한 점은 효율적인 행정가의 이미지를 갖추는 것이 내가 현실에서 할 수 있는 일과 내가 내 권력을 행사하는 방식에 심각하게 제한을 가한다는 사실이다. 나는 특정한 규범을 준수해야만 한다. 그렇다면 왜 오늘날의 포퓰리즘적 지도자들은 완전한 권력을 행사하기 위해 자신들의 공식적인 지위에 뒤따르는 위엄을 거부할까? 트럼프의 대통령 권한 행사는 단지 두 가지가 아니라 세 가지 요소와 결부된다. 그의 무자비한 권한의 행사(명령을 강제하는 일), 그의 광대같이 외설적인 공적 이미지, 그리고 권력의 상징적 위치가 그것이다. 비록 그의 위치는 실질적인 내용(위엄)이 비어 있지만 충분히 실행되고 있으며, 트럼프로 하여금 자신의 행정 권력을 완전하게 행사할 수 있게 해주는 것은 바로 그 비어 있음이다.

트럼프는 종종 외설적 소문을 퍼뜨리는 인물로 인식된다. 그런데 그게 문제인가? 소문은 대타자의 특정한 양상이며 어떤 의미에서 공적 영역의 위엄을 표상하는 대타자의 다른 면모, 그 이면이다.* 소수의 사람들이 모인 집단에서 다음과 같은 전형적인 상황이 발생했다고 해보자. 이들은 구성원 중 한 사람의 낯 뜨거운 비밀을 알고 있으며, 구성원 모두가 그 사실을 알고 있다는 것 역시

* 여기서 나는 소문 개념을 모든 각도에서 설명했던 믈라덴 돌라르의 의견을 적극 참조했다.

그들 모두가 알고 있는 상황이다. 이런 상황에도 불구하고 그들 중 하나가 그 사실을 크게 떠든다면 근본적 단절이 발생한다. 새로운 정보가 주어진 것도 아닌데, 그렇다면 왜 그것이 그토록 당혹스러움을 야기할까? 왜냐하면 그들은 더 이상 자신들이 그 사실을 모르는 것처럼 가장할 수 없기 때문이다. 이제 대타자는 그 사실을 알고 있다. 이것이 겉으로 드러난 대타자이고, 소문의 영역은 정확히 그 반대이다. 하지만 소문은 외양 뒤에 감추어진 실체적 진실을 전달하지 못한다. 서로 대립되는 것임에도 불구하고 소문과 외양은 모두 실체적 진실의 바깥에 있기 때문이다. 위엄의 체면을 구하기 위해서 우리는 기꺼이 진실에 침묵하고자 하지만, 공적 영역에서 배제된 익명의 소문은 진실이 아님에도 불구하고 또한 효력을 발휘하게 된다. 대체로 "이게 정말로 진실인지는 잘 모르겠지만, 내가 듣기로는 (혹은 차라리 비인칭의 '누군가 말하기로는') 아무개가 이러저러하게 했다고 하더라"의 형태를 취한다.

부인의 형태로 퍼진 지독한 소문의 사례는 러시아의 국영 텔레비전 네트워크 중 하나인 〈채널 원〉에서 나왔다. 이 채널의 저녁 뉴스 프로그램 〈브레먀Vremya〉에서 코로나바이러스 관련 음모론을 다루는 정규 코너를 시작했다. 보도 스타일은 애매해서 음모론을 폭로하는 것처럼 보이지만 시청자들에게 그 음모에 일말의 진실이 담겨 있는 듯한 인상을 남긴다. 그 메시지(음험한 서구 엘리트와 특히 미국이 어떤 식으로든 팬데믹에 궁극적 책임이 있다는 얘기)는 따라서 의심스러운 소문으로 확산된다. 이는 너무나 터무니없어서 진실이 아니지만 다시금, '혹시 사실은 아닐까?' 하고 묻게 된다.* 실체적 진실의 중지는 이상하게도 그 상징적 효과를 파괴하지 않는다. 소문과 외양은 모두 그렇게 해서 실체적 진실로부터 거리를 유지하게 된다. 때때로 타인의 존엄성을 존중하려는 우리의 의도가 우리 스스로 (그리고 우리가 상대하는 사람들이) 실체적으로 허위로 알고 있는 어떤 것을 공개적으로 공표할 것을 요구하는 경우도 있다.

그러나 그러한 공개적인 진실의 외설적 중지가 합리적 비판의 기반 자체를 약화시켜서 작동하지 못하게 하는 것은 아닐까? 이것은 팬데믹이 촉발한 위기에 어떤 진보적 잠재성이 있을 수 있다는 생각에 극복할 수 없는 장애물을 놓는 것은 아닐까? 재클린 로즈 Jacqueline Rose도 이와 비슷하게 비판적인 논점을 (버크벡 대학 여름학교 기간 동안) 내게 제기했다. "외설성, 심지어 정신병의 유포를 어떻게 공적인 정치 영역과 현재의 진보적인 요소에 관한 당신의 언급과 매끈하게 연결시킬 수 있는가? 윤리학이 외설성을 물리칠 수

* 「코로나바이러스: 러시아 언론이 미국의 음모를 암시하다」. "Coronavirus: Russian media hint at US conspiracy", 〈bbc.com〉, 2020년 2월 7일.

있나? 내게는 정신분석학 전체가 그렇지 않다고 하는 것 같다." 내 생각엔 사정이 좀 더 복잡하다. 도착적 외설성은 제약을 가할 윤리적 규제가 없는 상태에서 무의식이 공개적으로 분출하는 계기가 아니다. 프로이트는 도착에서 무의식에 접근하기가 가장 어렵다고 했는데, 도착성을 정신분석하기가 거의 불가능한 까닭은 이 때문이다. 먼저 도착자들은 히스테리화되어야 하고, 그들의 확신은 히스테리적 질문에 의해 약화되어야 한다. 그러나 나는 팬데믹이 그저 연장되고 있는 지금, 우리가 목격하고 있는 것이 도착성이나 정신병적 태도를 취했던 사람들의 바로 그런 점진적 히스테리화에 다름 아니라고 생각한다. 트럼프와 다른 뉴라이트 포퓰리스트들은 붕괴되고 있고 불안에 휩싸여 있다. 그들의 반응은 점점 더 일관되지 못하고 자기모순에 빠져서 의문에 사로잡힌다.

로즈의 지적으로 돌아가보자. 나는 외설성 그 자체가 이미 모종의 윤리학에 근거를 둔다고 생각한다. 외설성은 윤리적이라고 지목할 수밖에 없는 어떤 태도를 취한다. 외설적으로 행동하는 사람들은 자신들의 행동으로 사람들에게 충격을 주고자 하며 이런 식으로 그들을 일상적 환상에서 깨우고 싶어 한다. 이 외설성의 윤리학을 극복하는 길은 그 비일관성을 폭로하는 것이다. 외설적으로 행동하는 사람들은 자신들만의 금기가 있어서, 자신들이 생각하는 것만큼 그렇게 결코 과격하지 않다. 오늘날 트럼프보다 더 자신의 무의식의 억압에 의해 제약을 받는 정치가는 없다. 그가 자기 마음에 떠오르는 대로 떠들면서 자신이 마치 진지하게, 마음을 열어 행동하고 이야기하는 체하는 바로 그 순간에 그러하다.

강압, 억압, 우울

앞서 개진한 것의 결과를 정리해보자. 그리 머지않은 과거에, 현재는 아주 멀리멀리 떨어져버린 한 은하계에서는, 공적 영역이 사적인 거래의 외설성과 선명하게 구분되었다. 정치가, 언론인, 그리고 미디어계 인사들은 최소한의 위엄을 지니고 우리에게 발언하리라는 기대가 있었다. 공동선이 그들의 주요 관심사인 것처럼 말하고 행동하며, 저속한 표현과 개인의 사생활에 관한 언급을 삼갈 것이라는 기대 말이다. 물론 그때도 그들의 개인적 악행에 관한 소문은 있었지만, 그냥 소문으로만 남아 있었다. 사적인 문제는 오로지 황색 언론에서만 다루어졌다. 그러나 오늘날에는 공적 인물들의 삶의 민감한 세부 사실을 주류 미디어에서 접할 수 있을 뿐만 아니라 포퓰리즘적 정치가들 스스로가 종종 후안무치한 외설성으로 퇴행하기도 한다. '가짜 뉴스'가 회자되고 소문과 음모론이 넘쳐나는 것은 바로 공적 영역이다.

앤절라 네이글은 자신의 책, 『보통 사람들을 전부 살해하라*Kill All Normies*』에서 극우파의 이 후안무치한 외설성의 발흥을 잘 분석했다.* 우리는 이 외설성의 충격적인 측면에 대한 관심을 거두지 말아야 한다. 전통적으로 (혹은 적어도 전통에 대한 우리의 회고적 관점에서는) 후안무치한 외설성은 전복적으로 작용했고, 전통적인 지배를 약화시키는 것으로, 즉 주인으로부터 거짓 위엄을 빼앗는 것으로 기능했다. 나는 나의 청년기였던 1960년대에 시위하는 학생들이 권력을 쥔 인물들을 당황하게 만들기 위해 저속한 단어와 몸짓을 즐겨 활용했다는 사실을 기억한다. 그들은 그렇게 주장을 펼쳤고, 권력자들의 위선을 거부했다. 그렇지만 오늘날 공적인 외설성의 증가로 인해 벌어지고 있는 일은 권위의 실종, 주인 인물의 실종이 아니라 권위의 억센 재등장이다. 우리는 수십 년 전에는 상상할 수 없었던 어떤 일을 마주하고 있다. 바로 외설적 주인이다.

도널드 트럼프는 이 새로운 유형의 외설적 포퓰리스트 주인의 상징적 인물이다. 그래서 그에게 맞서기 위해서는 통상적 반박의 문구(보통 사람들의 복지에 관심을 둔다는 그의 포퓰리즘은 가짜이며, 그의 실제 정치는 부자들의 이해관계를 보호하는 것이라는 주장)로는 충분하지 못하다. 트럼프의 추종자들은 '비이성적으로' 행동하지 않는다. 그들은 자신들의 이해관계를 배신해 투표하도록 만드는 원시적 이데올로기 조작의 희생양이 아니다. 그들은 그들 자신

* Angela Nagle, *Kill All Normies*(New York: Zero Books, 2017).

의 관점에서 매우 합리적이다. 그들이 트럼프에게 투표하는 이유는 트럼프가 자신이 추진하는 '애국적' 비전을 통해 그들의 평범하고 일상적인 문제들, 즉 안전, 안정된 고용 등등 또한 언급하기 때문이다.

트럼프가 대통령에 선출되었을 때 출판사들은 나에게 정신분석적 비판을 적용해 트럼프 현상을 설명하는 책을 써달라는 요청을 했다. 내 대답은 트럼프 성공의 '병리학'을 탐구하기 위해 정신분석이 필요하지는 않다는 것이었다. 정신분석이 필요한 유일한 사안은 트럼프에 대한 좌파 자유주의자들의 비이성적인 어리석음, 트럼프의 재선을 점점 더 가능하게 만들 그 어리석음이다. 트럼프의 저속함 중에 어쩌면 가장 밑바닥에 해당할 표현을 빌린다면, 좌파는 트럼프의 아랫도리를 잡을 방법을 아직 터득하지 못했다.

트럼프가 승리했던 이유는 자신이 얼마나 과감하게 기본적인 품위 규범들을 위반할 수 있는지를 유권자들에게 보여줌으로써, 그들에게 외설적 희열을 불러일으키는 메시지를 후안무치하게 퍼부어댔기 때문이 아니다. 그는 모든 충격적인 저속함을 통해 추종자들에게 그럴듯한 서사를 제공하고 있다. 아주 제한적이고 뒤틀린 의미에 불과하지만, 그럼에도 불구하고 이는 좌파 자유주의자의 서사보다 분명히 훨씬 더 효과적이다. 그의 후안무치한 외설성은 이른바 보통 사람들과 연대한다는 신호로 기능한다. ("알겠죠? 나는 당신들하고 똑같아요. 피부 아래 우리 모두가 붉은 색이죠.") 그리고 이 연대감은 또한 트럼프의 외설성이 한계에 다다르는 지점도 알려준다. 트럼프는 속속들이 외설적이지는 않다. 그가 미국의 위대함을 설파할 때, 그가 자기 적수를 대중의 적이라고 치부할 때, 그는 진지하게 받아들여지길 원하며 이때 그의 외설성은 대조를 통해 그가 얼마나 진지한지 강조할 요량으로 제시된다. 외설성은 미국의 위대함에 대한 자신의 믿음을 선정적으로 과시하는 기능을 하도록 의도된다.

트럼프를 약화시키기 위해서는 그의 외설성의 위치를 바꾸어 그의 '진지한' 발언을 외설적인 것으로 다루어야 하는 이유가 여기에 있다. 트럼프가 진짜로 외설적일 때는 성차별적이거나 인종차별적인 저속한 용어를 사용할 때가 아니라 미국이 세계에서 가장 위대한 국가라고 말할 때, 혹은 경제적 조치를 부과할 때이다. 그의 외설적 발언은 이 더 기본적인 외설성을 가리고 있는 셈이다. 우리는 여기서 막스 형제Marx Brothers*의 금언을 다음과 같이 바꿔볼 수 있다. 트럼프는 후안무치하게 외설적인 정치가처럼 보이고 행동하지만 우리는 여기에 현혹되어서는 안 된다. 그는 정말로 후안무치한 외설적 정치가이다.

---

* [역주] 1930~1940년대에 활동한 미국의 코미디 영화감독 형제.

오늘날 창궐하는 공적인 외설성은 사적 영역과 공적 영역 사이에 있는 제3의 영역, 즉 공적 영역으로 고양된 사적 영역을 구성한다. 이 잡종 영역은 우리가 사이버공간으로 침윤하여 채팅을 하고, 트위터를 이용하고, 인스타그램을 하며 페이스북에 접속하는 행위와 가장 맞아떨어진다. 트럼프는 물론 자신의 결정 대부분을 트위터를 통해 공론화하지만, 그 게시물은 '진짜 트럼프'를 보여주지 않는다. 공적 외설성의 영역은 내밀한 경험을 공유하는 영역이 아니다. 그곳은 마치 역겨운 가면을 쓰고 상호소통을 하듯 거짓과 위선과 노골적 악의로 가득한 장소다. 내 은밀함과 공적 위엄을 지닌 대타자 사이의 표준적 관계는 따라서 뒤바뀐 셈이다. 외설성은 더 이상 사적 거래에 국한되지 않고, 내가 나의 내밀한 순수성을 순결하게 간직하면서 이 모든 것이 외설적 게임에 불과하다는 환상 속에 살 수 있게 하는 공적 영역 자체에서 폭발한다. 비평가의 첫 번째 책무는 정치뿐만 아니라 예능도 포함하는 모든 영역에서 이러한 순수성이 어떻게 가짜인지 밝혀내는 일이다. 가장 최근의 사례를 한번 살펴보자.

> 귀네스 팰트로는 그녀의 질을 이용해 엄청난 돈을 벌었다. 그녀는 자신의 건강 플랫폼인 굽Goop을 통해 우리에게 질 훈증법, 옥색 질 계란, 그리고 당연하게도 야릇한 '섹스 더스트 문 주

스'라는 콘셉트를 소개했다. 2020년 1월 신상품으로 질 양초가 나왔는데, 순식간에 매진되어 대기자 목록까지 만들어야 했다. (…) 굽의 설명서에는 낙천적인 어조로, "우리의 마음을 환상, 유혹, 그리고 세련된 온기에 놓는 것"이 목적이라고 써 있다. 오랜 대기를 거쳐 하나를 구입할 경우 가격은 75달러, 혹은 58파운드다.*

자, 여기서 팰트로가 함축하고 있는 요점은 자신의 내밀한 위엄을 유지하면서 그저 외설적 게임을 벌이는 것이다. 우리는 이것을 거부해야만 한다. 아니다, 그녀의 내밀한 위엄은 그녀가 공개적으로 자신의 질을 상품화한다는 사실을 은폐하는 가짜 가면이다.** 게다가 우리는 소비자 보호 기관이 문제를 제기하는 상황을 쉽게 상상할 수 있다. 그 상품에서 정말로 팰트로의 질 냄새가 난다는 것을 고객이 어떻게 알 수 있나요? 이를 증명할 방법이 있나요?

우리가 여기서 마주치는 것은 가짜 자유분방함에서 드러나는 강압적 억압과 방임적 강압 간의 차이이다. 페트라 케틀Petra Kettl과

---

* 다음에서 인용했다. 「귀네스 팰트로, 오르가즘 향이 나는 향초를 론칭하다」. "Gwyneth Paltrow launches an orgasm-scented candle", 〈harpersbazaar.com〉, 2020년 6월 18일.

** 그리고 이런 경향은 계속되고 있다. 가수 에리카 바두Erykah Badu는 자신의 속옷으로 만든 질 향을 판매할 것이라 발표했다. https://url.kr/3uscr1

로버트 팔러Robert Pfaller는 자신들의 논문, 「우리가 익히 알고 있던 영화의 종말The End of Cinema as We Used to Know It」에서 알랭 에렌버그Alain Ehrenberg의 『자아의 피로감*The Weariness of the Self*』을 거론하면서 이렇게 지적했다.

> 에렌버그는 이전 수십 년의 세월이 (정신분석학적 의미에서) '억압'으로 특징된다고 주장한다. 사람들은 많은 것을 원하지만 사회의 엄격한 규율은 그 욕망에 제한을 둔다. 뒤따라온 위기는 '허용되는 것'의 위기였다. 오늘날의 사회는 그와 반대로 '우울증'의 사회다. 사회는 여러 측면에서 방임적으로 변해서 지금껏 금지되거나 천시되었던 몇 가지 것들을 허용한다. 그러나 사람들은 스스로 그것들을 욕망하지 못하게 된다. 뒤따라올 위기는 갈망의 위기이다. 멜랑콜리, 피로, 그리고 우울증이라는 전형적 문제가 생겨난다.*

포스트모던한 방임으로의 전환 이전에 우리의 문화는 내재적 위반의 구조를 특징으로 했다. 특정한 행위를 금지했던 법은 은밀하게 몇몇 금지의 위반을 요청했고, 이런 식으로 우리의 욕망은 살아

* https://crisiscritique.org/2020/july/petra&robert.pdf

남았다. 오늘날은 아무것(아무런 성적 행위)도 뚜렷하게 금지하지 않지만 우리의 욕망을 가리키는 지표 자체가 그로 인해 상실되었다. 왜 그런가? 여기서 우리가 피해야 할 것은 욕망은 욕망을 유지하기 위해 금지를 필요로 한다는, 즉 욕망은 자신이 위반하는 바로 그 금지를 통해 번창한다는 '논리적' 결론이다. 이런 논리를 따라서 조르주 바타유Georges Bataille는 자신의 생애 끝 무렵에 1960년대의 성혁명에 반대하는 목소리를 냈다. 만일 모든 것이 허용된다면 욕망은 죽는다. 그러나 억압으로의 복귀는 우울증에 대한 답이 아니다. 금지(엄격하거나 잔인한 방식이 아니라 위반을 향한 우리의 욕망을 지속할 만큼의 금지)를 유지하려는 주인이 아무리 온화하더라도 우리는 이런 방식으로 속임수를 쓸 수는 없다.

방임성이 욕망을 죽이는 이유는 다른 곳에 있다. 정치적 올바름이라는 개념, 즉 모든 사람들에게 욕망의 표현을 보장할 목적을 지니지만 실제로는 전통적 억압보다 더 강압적으로 작용하는 관념을 다시 한번 간략하게 검토해보자. 정치적 올바름의 태도에서 살아남은 가장 강력한 욕망이 있다. 죄의식을 발견하려는 욕망, 도처에서 인종차별과 성차별적 악을 의심하고 제거하려는 욕망이 그것이다. 이 욕망은 두터운 규칙의 네트워크에 의해 지탱되며, 이 욕망의 위반이야말로 정말로 금지되어 있다. 어떤 저속한 농담도, 어떤 성적 '희롱'도 금지된다.

『또 다른 지금*Another Now*』에서 야니스 바루파키스는 억압과 우울증 간의 대립을 사회적 현실 그 자체에 적용한다.* 이 책의 간략한 플롯은 자본주의적 현재에 사는 한 무리의 개인들이 서로 소통하기 위한 방법을 찾아서 대안적 현실('또 다른 지금')로 진입하는 이야기인데, 거기서는 2008년 금융위기를 기점으로 역사가 다른 방향으로 전개되며 그 결과 민주적 시장사회주의라는 전 지구적 사회가 탄생한다. 이곳에는 자금의 공급을 투명하게 규제하는 하나의 국영 중앙은행이 있고, 금융 투기는 의미를 잃고 사라지며, 시민 각자에게 자신들의 몫이 할당되기에 소유는 분산되고, 의료 혜택과 인권은 모두에게 보장된다. 요컨대 이곳은 자율 관리되는 전 지구적 사회로서 어떤 특정한 요구라도 응답받을 수 있기에 아무런 적대도 없고, 반항할 이유도 없다. 이 집단이 당면한 선택은 이러하다. 그들은 '또 다른 지금'에 남아야 하는 것인가 아니면 투쟁과 폭력으로 가득한 우리의 신자유주의적 '지금'으로 복귀해야만 하는가? 바루파키스는 '또 다른 지금'의 완벽함을 망치는 일련의 특징들을 제시한다. 첫째, 경제적 소외와 착취는 극복되었고 독립된 실체로서의 국가가 사회의 투명한 자율 관리로 해소되었지만,

* 야니스 바루파키스의 다음 책을 보라. *Another Now: Dispatches from an Alternative Present*(London: The Bodley Head, 2020). 괄호 안의 숫자는 이 책의 쪽수를 표시한 것이다.

여성의 억압은 일상의 생활 속에서 미묘하게 존속된다. (이 점에서 나는 바루파키스와 의견이 다르다. 오늘날 우리는 또한 정반대의 가능성에, 즉 인종차별과 가부장제는 사라졌지만 경제적 착취는 남아 있는 포스트모던한 다문화주의 사회에 직면하고 있다.) 둘째, 시장의 교환과 시장이 함축하는 경쟁적 태도는 온전하게 남아 있다.

> '다른 지금'에서 반란자들이 성취했던 일, 특히 기업, 자금, 토지 소유, 그리고 시장의 민주화에 나는 매혹되었고 감명을 받았으며 심지어 충격을 받았다고 인정한다. 민주화된 시장이 여전히 선善의 주권과 궁극적으로 우리의 근본적인 복지를 손상시키는 주고받기식 거래의 정서를 우선시한다는 점만 뺀다면 말이다. 자본주의에서 해방되어 민주화된 시장이 있는 사회는 하나의 결정적인 점을 제외하면 우리가 여기서 누리는 것에 비해 월등하게 낫다. 교환가치가 단단히 뿌리 내리는 바람에 시장을 최종적으로 전복하려는 진정한 혁명이 불가능할 수 있다는 우려가 그것이다.(218~219)

프랑크푸르트학파의 용어로 얘기하자면, '도구적 이성'과 유사한 무언가가 이 타산적인 교환 사회에 존속한다. 거기에는 단순한 선의를 위한 여지가 없다. 어떤 대가도 바라지 않고, 그저 하고 싶어서, 애정으로부터 나온 행위를 위한 공간이 존재하지 않는 것이다. 또한 우리는 『또 다른 지금』에서 상상된 사회를 망가뜨릴 수도 있는 것이 인간의 욕망을 구성하는 질투라는 점도 덧붙일 수 있다. 라캉에게 인간 욕망이 처한 근본적 곤경은 주관적이고 객관적인 소유격의 의미 모두에서 그것이 타자의 욕망이라는 점이다. 인간의 욕망은 타자를 향한 욕망, 타자의 욕망의 대상이 되려는 욕망, 그리고 특히 타자가 욕망하는 것에 대한 욕망이다. 아우구스티누스가 이미 잘 파악하고 있듯 질투와 원한은 따라서 인간 욕망의 구성 요소이다. 라캉이 자주 인용하는 아우구스티누스의 『고백』에 나오는 대목, 즉 엄마의 젖을 빨고 있는 자기 형제를 질투하는 한 사내아이가 나오는 장면을 떠올려보자. "아이가 말을 하지 못하면서도 질투할 수 있다는 것을 나는 직접 보았고, 또 알고 있다. 그 아이는 창백해졌고 젖을 나누는 형제에게 차가운 시선을 던졌다."

질투가 행사하는 구성적 역할을 잘 알고 있는 장-피에르 뒤퓌Jean-Pierre Dupuy는* 존 롤스John Rawls의 정의론에 대해 설득력 있는 비판을 내놓았다. 롤스의 정의로운 사회 모델에서 사회적 불평등은 오직 사회적 계층의 바닥에 있는 존재들을 돕는 한에서, 그리고

---

* Jean-Pierre Dupuy, *Avions-nous oublié le mal? Penser la politique après le 11 septembre*(Paris: Bayard, 2002)

타고난 위계질서가 아니라 자연적 불평등에 기반을 두는 한에서만 허용되는데, 이 자연적 불평등은 실력이 아니라 우연적인 것으로 간주된다.* 롤스는 그러한 사회에서 통제되지 못한 원한이 폭발할 조건이 만들어질 수 있다는 점을 보지 못한다. 그 사회에서 하층민으로서 내 지위는 철저히 정당화되며 따라서 나는 내 실패를 사회적 부정의의 결과로 탓할 수 없다는 사실을 알게 된다. 라캉은 니체 및 프로이트와 마찬가지로 평등으로 인식된 정의가 질투에 기반을 두고 있다고 생각한다. 우리가 갖지 못한 것을 지닌 타인, 그리고 그것을 누리는 타인에 대한 질투 말이다.

『미국식 유토피아*An American Utopia*』에서 프레드릭 제머슨Fredric Jameson은 지배적인 낙관적 관점을 통째로 거부한다. 이 관점에 따르면 공산주의는 질투를 자본주의적 경쟁의 잔여물로 치부하여, 연대, 협력, 그리고 타인의 쾌락을 즐기는 태도에 의해 대체될 것으로 간주한다. 제머슨은 이 신화를 일축하면서 공산주의에서는 사회가 더 정의로워질 것이라는 바로 그 이유 때문에 질투와 원한이 폭발할 것이라고 강조한다. 왜 그런가? 정의에 대한 요구는 궁극적으로 타인의 과도한 향유가 축소되어야 한다는 요구이며, 그

* 다음을 참고하라. John Rawls, *A Theory of Justice*(Cambridge, MA: Harvard University Press, 1971(revised edition 1999)). 존 롤스, 『정의론』, 황경식 옮김, 이학사, 2003.

렇게 해서 모든 사람의 향유에 대한 접근은 평등해져야 한다. 이러한 요구의 필연적 결과는 당연히 금욕주의다. 동등한 향유를 강제하는 일이 불가능하기 때문에 강제될 수 있는 것은 평등하게 공유된 금지이다. 그렇지만 오늘날의 이른바 방임적 사회에서는 이러한 금욕주의가 정확히 그 정반대의 형태, 즉 "즐겨라!"라는 일반적 명령의 형태를 띤다는 점을 우리는 잊지 말아야 한다. 우리는 모두 이 명령의 주문에 걸려 있으며, 그 결과 우리의 향유는 그 어느 때보다 더 방해받고 있다. 어쩌면 이는 니체가 최후의 인간이라는 관념으로 염두에 두었던 것일지도 모른다. 오로지 현재에 이르러서야 우리는 정말로 최후의 인간의 윤곽, 만연한 향락주의적 금욕주의의 가면을 쓴 그 인간을 판별할 수 있다.

셋째, 『또 다른 지금』에 그려진 사회는 바로 그 투명성으로 인해 완벽히 통제된 사회다. 내 소유물과 행위는 다른 사람에게 투명하게 드러나며, 내 행동은 엄격한 정치적 올바름을 따르는 방식으로 규제된다. 넷째, 다시 한번 바로 그 민주적 투명성과 정의로 인해 『또 다른 지금』에서는 맞서 반항을 할 것이 아무것도 없다. 이것이 바로 오래된 급진 좌파 인물인 아이리스가 묘사되는 방식이다.

> 체제에 맞서 분노하는 일은 아이리스의 유일한 존재의 방식, 그녀의 외로움을 치유하는 백신이었다. '다른 지금Other now'

은 너무나 유쾌하고, 너무나 건전해서 맞서 반항할 수가 없었다. 그 사회는 아이리스의 삶을 참을 수 없는 것으로 만들 터였다.(219)

"양고, 분명 당신이 나에 대해 알아둬야 할 것이 하나 있다면," 그녀는 쾌활하게 대답했다. "내가 반대자라는 사실이에요. 완벽한 사회를 창조했던 그들의 정치적 올바름과 안락함 말고는 내가 반대를 할 수 있는 아무것도 그 이면에 존재하지 않아요."(228)

"친애하는 양고, 이 '지금'이라는 사회는 내가 타고난 서식지예요. 이곳은 너무나 되먹지않게 끔찍해서 나는 거기서 살아 있는 동시에 내 불온함이 쓸모가 있다고 느껴요. 반란을 경험했고 그 사회가 만들어낸 제도들을 겪고 난 뒤로 여기서 나는, 내가 아는 그 어느 누구보다 더 지배계급과 그 시스템의 어리석음을 맹비난할 때 신이 나요. 다시 한번 강조하지만, 여기서 그것들을 뒤집어엎는 일이 훨씬 쉬워요."(229)

아이리스라면 인기 없는 폭군에 대항한 봉기가 들끓고 있는 현재(2020년 8월)의 벨라루스를 아주 편안하게 느끼지 않을까? (반란에 성공했지만 궁핍이 지속되는 우크라이나의 상황은 훨씬 더 암울하다.) 다시 한번 문제는 (우리의 '지금'에 있는) 억압과 ('또 다른 지금'에 있는) 우울증 간의 교착상태를 어떻게 해결할 것인가이다. 반란이 우리 삶의 본질이기에 강압의 위력이 존재하지 않는 상황에서 저항할 수 있기 위해서는 강압을 만들어내야만 한다는, 이 명백하지만 그릇된 결론을 우리는 어떻게 피할 수 있을까? 아이리스가 스스로 진정한 반란자처럼 행동하고 느끼려면, 정말로 수백만 명이 겪는 불필요하고 지속적인 고통을 받아들이는 수밖에 없는가?

전형적인 해결책은 강압에 대항하는 싸움이 끝이 없으며 새로운 형태의 강압은 항상 생기기 마련이라고 상정하며 교착상태를 피하는 것이다. 헤겔은 무한한 책무라는 칸트의 도덕주의에 내재한 모순들을 분석하면서 이 해결책을 비판했다. 혹은 핀들리J. N. Findlay의 간략한 요약을 인용하자면, "만약 최고의 선이 도덕률에 순응하는 자연으로 간주된다면, 도덕률 자체는 이 선으로부터 추방된다. 왜냐하면 도덕률은 비순응적인 자연을 상정하기 때문이다. 절대적 목적인 도덕적 행위는 도덕적 행위의 제거를 지향하는 듯하다."* 아이리스가 불만을 토로하는 문제가 바로 이것 아닐까? 절대적 목적인 반란은 반란의 제거를 지향하는 듯하다. 이 교착상태의 유일한 해결책은 헤겔에게 있다. 우리는 완전한 민주주의가 모든 소외된 구조들을 폐기하는 자체적으로 투명한 사회라는 바

---

* https://www.marxists.org/reference/archive/hegel/help/findlay4.htm

로 그 이상을 버려야만 한다. 소외는 우리 자유의 조건이며, 자유를 행사하기 위한 숨 쉬는 공간을 제공한다. 나는 내가 그 속에 살고 있는 대타자(사회적 본체)가 내게 그리고 그 자체로 투명하지 않은 한에서만 오직 자유롭다. (끈으로 조종하는 비밀스러운 주인은 없다.) 화해란 우리가 소외를 극복하는 것이 아니라 소외와 화해해야만 한다는 것을 뜻하기에, 소외를 실질적으로 제거하는 것이야말로 바로 '또 다른 지금'의 문제이다.

새로운 포퓰리즘은 파시즘이 아니다

트럼프의 비일관성은 코로나바이러스 팬데믹과 함께 폭발했다. 바이러스 창궐에 대한 트럼프의 대응에 나타나는 혼란스런 즉흥성은 널리 알려졌다. 처음엔 중국의 조치를 칭찬했다가, 그다음엔 미국이 겪는 고통에 책임이 있다고 중국과 민주당을 비난했다. 이 모든 일은 가능한 치료법과 신속한 일상으로의 복귀를 외친 그의 괴팍한 주장과 뒤섞였다. 외설성, 정치적 편집증, 그리고 민간의 지혜*가 뒤섞인 혼합물은 오늘날의 뉴라이트 포퓰리즘의 본성을 완벽하게 예시한다. 그렇지만 이는 또한 전통적인 '전체주의적' 포

* [역주] 트럼프가 말라리아 치료제인 하이드록시클로로퀸이 코로나바이러스 치료에 효과가 있다는 낭설을 퍼트린 일을 말한다.

퓰리즘과 현재의 뉴라이트 포퓰리즘의 차이도 드러낸다. 그러니 이번 기회를 이용하여 한 걸음 물러서서 현재 포퓰리즘의 독특한 성격을 좀 더 자세히 분석해보자. (여기서 나는 유발 크렘니처Yuval Kremnitzer의 작업을 광범위하게 참조한다.)*

다른 포퓰리즘과 마찬가지로 현재의 포퓰리즘은 대중을 직접 위하는 척하면서 정치적 대표성을 불신한다. 자신들의 손이 얼마나 '심층 국가'의 금융 기득권 세력에 묶여 있는지 불만을 터뜨리면서 "손이 묶여 있지만 않다면 우리는 적들을 한꺼번에 제거할 수 있을 것이다"라고 주장한다. 그렇지만 형식적 대의 민주주의를 폐지하고 새로운 질서를 철저하게 관철하는 (파시즘과 같은) 과거의 권위주의적 포퓰리즘과 달리 현재의 포퓰리즘은 특정한 새로운 질서를 향한 일관된 비전을 지니고 있지 않다. 이 새로운 포퓰리즘의 이데올로기와 정치학의 실질적 내용은 '우리 쪽의' 빈자를 매수하고, 부자를 위해 세금을 낮추며, 이민자를 불러들이고 일자리를 외부에 위탁하는 타락한 엘리트를 향한 증오에 초점을 맞출 목적으로 채택된 일관성 없는 조치들의 혼합물이다. 바로 이런 이유로 현재의 포퓰리스트가 진정으로 원하는 건 기득권의 대의 민주주의를

---

* 여기서의 인용은 모두 다음 원고를 참고했다. Yuval Kremnitzer, "The Emperor's New Nudity: The Media, the Masses, and the Unwritten Law"

제거하지 않고 권력을 완전히 차지하는 것이다. "맞서 싸워야 하는 자유주의적 질서라는 '족쇄'가 없다면 뉴라이트는 진짜 행동을 취해야만 할 것이다." 그런데 이렇게 되면 그들의 프로그램의 공허함이 확실히 드러날 터이다. 이것이 오늘날 포퓰리스트의 첫 번째 특징이다. 자유주의 기득권 세력이라는 '심층 국가'에 반대하는 데서 자신들의 일관성이 나오기 때문에 그들은 이 목적의 달성을 무한히 연기하는 방식으로만 작동할 수 있다. "적어도 지금 단계에서 뉴라이트는 대중의 의지를 완전히 표현하여 대의제 메커니즘을 폐기하거나 심지어 촉구할 수 있는 최상의 가치(예를 들어 국가나 지도자 같은 가치)를 정립하고자 하지 않는다."

그렇다면 오늘날의 포퓰리스트는 사실상 자신들의 공인된 적을 무찌르고 싶어 하지 않게 만드는 그들 프로젝트의 이 내재적 적대에 어떻게 대처할까? 여기서 정치적 실체의 결핍은 스타일로 대체된다. 다시 말해, 사회의 (몇몇) 불문율을 위반하는 외설성에 직접 호소하는 스타일로 대체된다. 모든 문화의 질서는 공개적으로 거론하는 것이 허용되지 않는 특정한 불문율의 집합을 의미한다. 이 불문율은 정치 지도자의 어두운 사생활과 관련된 소문이나 저속한 언어 및 추잡한 암시들을 활용하는 일에서부터 훨씬 더 '순수하고' 그 자체로 훨씬 더 결정적인 사안에 이르기까지 다양한 차원에서 작동한다. 명약관화한 일을 공개적으로 거론하는 일이 금지되었던 극단적 사례가 하나 있다. 덩샤오핑은 생애 말년에 공식적으로 은퇴했지만 그가 계속해서 권력의 끈을 잡고 있었다는 사실을 모두 알았다. 중국 공산당의 고위 공직자 중 한 사람이 한 외국 기자와의 인터뷰에서 중국의 실질적 지도자가 덩샤오핑이라고 언급했을 때, 그는 사실을 말했음에도 불구하고 국가의 기밀을 공개적으로 누설했다는 혐의를 받았고 심한 처벌을 받았다. 이 사례에서 분명하게 드러나듯, 오직 소수의 사람만이 알고 있는 것이 반드시 국가의 기밀은 아니며, 모두가 알고 있는 어떤 것이 기밀이 될 수도 있다. 라캉이 대타자라고 부른 것, 즉 공적 외양의 질서를 제외한 모두가 알고 있는 것 말이다.

이제 외설성은 불문율과 상호 대체적이지 않으며, 불문율이 명확히 드러난 결과도 아니다. 오히려 외설성은 우리가 불문율을 위반할 때, 명백하게 금지되지는 않았지만 모두가 행해지거나 발설되어서는 안 된다는 것을 알고 있는 어떤 것을 행하거나 말할 때 생겨난다. 예를 들어서 (그런데 이는 서글프고 끔찍한 사례이다) 비록 많이 거론되지는 않았지만 브라질뿐만 아니라 미국과 스웨덴 같은 부유한 국가에서도 경제와 일상적 삶의 외양을 유지하기 위해 수천 명의 목숨, 특히 늙고 병든 사람의 목숨을 코로나바이러스의 희생양으로 삼기로 결정했다는 사실은 분명하다. 모두가 이 끔찍한 진실을 알고 있지만, 이를 공개적으로 거론하는 일은 외설적이 될 것이다. 우리는 여기서 어쩌면 우리가 존중해야 하는 불문율을 확인할 수 있다. 좀 더 우스꽝스런 사례도 있다. 공개적인 자리에서 트림을 하는 행위는 지극히 천박한 것으로 여겨진다는 사실을 모두가 알고 있지만 이 규칙을 공개적으로 떠드는 일은 그 자체로 외설적 행위가 된다. (트럼프만이 그렇게 할 수 있는 배알이 있다. 언젠가 그는 영부인인 멜라니아를 기품 있는 숙녀라고 칭찬하면서 그들이 함께 사는 동안 그녀가 방귀를 뀌는 소리를 전혀 들어보지 못했다고 말했다.)

뉴라이트 포퓰리즘의 등장과 함께 무언가 독특한 일이 발생한다. 다음과 같은 일이 가능해지는 것이다. "품위 있는 사람들의 편에 서 있다고 여겼던 정치가들이 급격하게 편을 바꾸어서 외설적인 것에 직접 호소한다. (…) 노출을 도착적인 환상으로 작동하게 하는 이러한 명시적 방식이야말로, 이 새로운 형태의 권위를 그토록 이해하기 어렵게 만드는 요인이다. 가면을 벗어버리는 행위가 하나의 가면으로 작용한다." 크렘니처의 정확한 공식에 주목해보자. 가면을 벗어버리는 행위와 그것이 뜻하는 바를 거침없이 발설하는 일이 그 자체로 하나의 가면으로 기능한다. 왜 그럴까? 외설적 형식이 그 내용의 공허함을 가려주기 때문이다. 여기서 외설성의 기능은 아주 적확하다. 외설성은 (형식적 규범에 집착하는 자유주의적 고집과 대립하는) '평범한 정직성'의 지시체로 여겨진다. 트럼프는 끊임없이 이 모티프를 변주한다. 그는 적을 향해 저속한 암시를 동원하고 적에게 증명되지 않았거나 심지어 뻔뻔스럽게도 거짓인 혐의를 씌우면서 자신이 공손함(만은 아닌)의 규칙들을 쉴 새 없이 깨뜨린다는 점을 인정한다. 그렇지만 동시에 이를 자유주의의 형식적 공손함과 대비시켜 자신이 그 거짓을 실제로 진심으로 믿는다는 증거로 제시한다. 오늘날의 포퓰리스트는 유사 마르크스주의적 방식으로 대의 정치의 바로 그 형식적 절차를 통해 정치적 편향을 거부한다. 게임의 법칙은 실제로 모든 참가자에게 중립적이지도, 공평하지도 않으며, 대중이 자신의 의지를 직접적으로 합당하게 표현하는 것을 막고, 그 의지를 조작하기 위해 만들어진다. 현재의 포퓰리스트는 자유주의적 정치 공간이라는 '대의적 논리' 내부에 머무르면서도 끊임없이 그 논리의 허위를 부각하고 "대의적 논리를 회피하는 의제를 제기"하려는 게임을 벌이고 있다. 포퓰리스트의 저속한 과잉은,

> 모든 사람들이 볼 수 있게 우파들이 공개적으로 전시하길 더 이상 두려워하지 않는 바로 그것을 점잖은 자유주의적 반대 진영은 위선적으로 거부한다고 [낙인찍는다]. 우파가 폭로한 진실(상징질서는 폭력적인 현실을 은폐하기 위해 신실함의 치장을 걸친 것에 불과하다는 폭로)은 비판적 사고의 반反이데올로기적 프

로젝트와 조화를 이루며, 따라서 비판은 그것에 반대할 힘을 잃는 지경에 처한다.

이런 의미에서 포퓰리즘적 비판은 정치적 올바름의 진영에서 자유주의적 중립성의 환상을 폭로하는 것과 대칭적으로 대립을 이룬다. 양자는 서로가 서로를 보완하고 힘을 실어준다. "좌파의 도덕적 분노는 우파의 위반에 대한 욕구를 먹고살며, 우파는 좌파의 도덕적 분노를 먹고산다. 이 순환은 거듭된다." 정치적 올바름의 태도가 지닌 치명적 실패를 이해하기 위해서는 쾌快와 쾌의 트라우마적 차원인 주이상스Jouissance를 나눈 라캉의 구분법을 도입해야 한다. 도식적으로 말하자면, 정치적 올바름의 규제가 제거하려는 것은 쾌가 아니라 쾌의 트라우마적 차원에 있는 주이상스, 즉 쾌와 고통, 욕망과 폭력의 혼합물이다. 정치적 올바름의 태도는 물론 마조히즘을 수용하지만 엄격하게 상호 합의된 형태만을 받아들인다. 당신은 내가 명시적으로 동의하는 선에서만 나를 때리든 어떻게 하든 할 수 있다. 이러한 태도는 내가 엉망진창인 내 욕망과 거리를 둔 채, 진짜로 무엇을 원하는지 알고 있는 또렷한 이성적 자아를 지니고 있으며, 이 자아가 당신에게 명시적인 동의를 해야 한다는 것을 함축한다. 하지만 여기서 사정이 복잡해지면, 즉 내가 욕망하는 것이 내 동의로 정식화될 수 없는 회색지대에 존재한다면 어떻게 될까? 예를 들어 정확히 내 동의를 거스르는 일을 당하기로 합의하지 않은 채로 내가 당신에게 맞고 굴욕을 당하고 싶어 하는 바람에 나의 명시적 동의가 모든 것을 망치게 된다면 어떻게 될까? 게다가 주이상스가 바로 이 회색지대에 깃들어 있다면 어떻게 될까?

자, 여기서 좀 더 분명하게 해두자. 우리에게는 네 가지 입장이 있다. 첫째, 정치적 대표성의 절차가 지닌 중립성을 믿는 자유주의적-형식적 법치주의가 있다. 그 다음엔 이 태도에 맞선 세 가지 비판적 입장이 있다. 이 셋 중의 첫 번째는 공식적인 자유주의적 중립성을 의구심을 가지고 분석하며 그 중립성의 인종차별적이고 문화적이며 젠더적인 편향을 부각하려고 애쓰는 정치적 올바름에 입각한 분석이다. 정치적 올바름의 태도는 기본적으로 자유주의적인 좌표 내부에 머무르며, 단지 숨겨진 편향을 제거함으로써 그 좌표를 완전히 현실화하길 원한다. 문제는 이 태도가 개인의 책임에 방점을 둔다는 것이다. 도덕주의자의 열의를 띤 이 입장은 주체의 행위를 세부적으로 분석하여 인종차별과 성차별의 흔적들을 찾아내려고 한다. 하지만 그 범위는 문화적이고 성적인 정체성의 영역이지 근본적으로 경제적이고 사회적인 변화의 영역이 아니다. 이 입장은 당신에게 행동을 바꾸라고 호소하고, 인종차별적이고 성차별적인 클리셰를 없애라고 외치지, 그것들을 배태한 사회를 분석하라고 촉구하지 않는다.

두 번째 비판적인 입장은 외설적 포퓰리즘의 태도로, 이 입장의 충격적인 위력은 정치적 올바름 진영의 비판자가 세련된 분석을 통해 파헤치려는 것을 기꺼이 공개적으로 떠들어대는 데서 나온다. 외설적 포퓰리스트는 미리 (정치적 올바름 진영의 비판자 시각에서 보았을 때) 자신의 죄를 인정하는 방식으로 스스로의 결백을 주장한다. 이런 태도는 어떤 면에서 정치적 올바름의 분석을 쓸모없게 만든다. 이 입장은 열려 있는 문을 부수려고 애쓴다. 따라서 정치적 올바름 진영의 비판자들이 서로를 분석하여, 자기 진영의 점잖은 발언과 태도에서 인종차별적이고 성차별적인 흔적을 발견하는 데 대부분의 시간을 할애하는 것은 전혀 놀라운 일이 아니다. 아니면 슈자 하이더Shuja Haider가 간명하게 지적했듯, "좌파-자유주의적 정체성 정치와 극우 백인 민족주의가 대등하지 않은 것은 분명하다. 문제는 그들이 양립한다는 점이다."*

정치적 올바름의 청교도주의적 도덕주의와 뉴라이트의 포퓰리즘적인 공공연한 외설성의 전시는 동일한 동전의 양면이다. 그리고 양면 모두 동전이 기약하는 것을 이루지 못한다. 포퓰리즘적 외

* 슈자 하이더, 「안전핀과 나치 문양」, Shuja Haider, "The safety pin and the swastika", 〈viewpointmag.com〉, 2017년 1월 4일.

설성의 문제는 도덕적으로 무책임한 데 있는 것이 아니라 그것이 진짜로 외설적이지 않다는 사실에 있다. 품위의 규칙을 무시하는 겁 없는 태도와 자기 마음에 떠오르는 것을 자제하지 못하고 발설하는 일은 우리가 무엇을 말하고 말할 수 없는지 규정하는 불문율이라는 두터운 지하세계를 은폐하는 가짜 태도다. 이와 상응하는 측면에서, 정치적 올바름의 태도가 문제인 이유는 지나치게 도덕적이고 외설성의 생기발랄함을 결핍하고 있기 때문이 아니다. 그보다 정치적 올바름의 과도한 도덕주의는 기회주의적 계산, 위선, 그리고 독선을 은폐하기 때문에 가짜 태도다. 정치적 올바름은 자신만의 고유한 불문율로 가득 차 있다. 다른 사람보다 소수자가 더 중시되고, 유행에 따라 재빨리 변하는, 무엇이 금지되고 무엇이 허용되는지에 관한 미묘하게 다른 규준들이 있으며, 은폐된 인종차별적 오만(다른 사람들에게 그들의 정체성을 주장하라고 요구하는 백인 남성은 정작 자신의 정체성을 부인하며 이를 통해 스스로에게 보편성의 자리를 쥐여준다)에 기반을 둔 반인종차별주의가 존재하고, 특히 어떤 질문들(예컨대 근본적인 사회의 변화)이 제기되어서는 안 되는지에 관한 인식이 있다.

권력이 있는 자리에 더 많은 여성이 올라서야 하지만, 권력의 구조 자체는 변하지 않아야 한다. 가난한 사람들을 도와야 하지만, 우리는 계속 부유해야 한다. 대학에서 권한이 있는 지위는 그 지위에 종속된 사람들로부터 성적인 호의를 이끌어내기 위해 남용되어서는 안 되지만, 성적으로 구별되지 않는 권력은 괜찮다. 샌더스가 대통령 후보 지명을 위한 싸움에서 패배한 주요 원인을 그의 선거 운동이 대중들의 계급 봉기에서 자유주의적 반反트럼프 저항으로, 즉 계급투쟁에서 문화투쟁으로 옮겨간 데서 찾는 앤절라 네이글과 마이클 트레이시Michael Tracey의 분석은 정확하다.* 민주당의 자유주의적 좌파를 만족시키기 위해 골몰하는 바람에 샌더스는 점점 더 계급 봉기를 문화적 주제보다 아래에 두었다. 예를 들어, 샌더스는 주요한 위험이 전 지구적 자본주의가 아니라 트럼프의 '파시즘'이며 이에 대항해서 우리 모두가 단결해야 한다는 좌파 자유주의자들의 관점을 암묵적으로 승인했다. 조 바이든이 이 반트럼프적 통합의 게임을 아주 훌륭하게 수행한 것은 전혀 놀랍지 않다. 조지 부시가 트럼프에 맞서 바이든을 지지한다는 소문도 있었다.

현재 심지어 네오콘(신보수주의)의 지지도 받는 바이든은 (저지 코진스키Jerzy Kosinski의 단편 소설을 바탕으로 애쉬비Hal Ashby가 만든 영화) 〈찬스Being There〉(1979)에 나오는 챈시 가드너와 흡사하다. 이

---

* 앤절라 네이글, 마이클 트레이시, 「처음에는 비극, 다음에는 희극: 샌더스 캠페인과 '퓨전' 좌파의 붕괴」. Angela Nagle, Michael Tracey, "First as Tragedy, Then as Farce: The Collapse of the Sanders Campaign and the 'Fusionist' Left", *American Affairs*, Volume IV, Number 2(Summer 2020): pp. 118~144. 온라인에서도 원문을 확인할 수 있다. https://url.kr/tu193q

영화에서 가드너로 나오는 피터 셀러스는 미합중국 대통령의 정원사로, 자폐증에 걸려 사회적으로 고립된 인물을 연기한다. 대통령이 갑작스럽게 세상을 떠나자, 셀러스는 대통령의 지혜로운 참모로 오인받아 정원을 가꾸는 방법에 관한 그의 순진한 발언들이 외교 문제를 운영하는 법을 담은 암호화된 통찰로 해석된다. 단지 그가 '거기에 있다being there'는 이유만으로. 이와 마찬가지로 단지 '거기에 있음'과 약간 타당한 말을 한다는 것만으로 바이든은 기업-금융 자본을 위해 그것이 원하는 모든 자유를 허용하는 이상적인 대통령이 될 것이다.* 널리 칭송받는 민주당 전당대회에서 그가 한 연설은, 통합과 공감만 있고 경제와 사회적 정의가 빠진 하나의 거대한 잡소리였다. 폭스 뉴스조차 그의 연설을 칭찬했다. 분명 트럼프는 이 연설을 참조점으로 활용해서 거대 금융 기관의 손아귀로부터 평범한 노동자를 보호하겠다는 그의 주장을 강조할 것이다. 2020년 11월의 대선은 그것이 트럼프식 포퓰리즘과 거대 기업으로 대표되는 그의 적들 간의 대립으로 표현되었듯이, 다시 한번 어긋나고 신비화된 계급투쟁의 형태를 띨 것이다.**

그렇다면 세 번째 비판적 입장은? 이 입장은 정치적으로 올바른 태도를 난처하게 만드는 좌파의 아킬레스(아킬레스와 거북이 역설

* 이 견해는 야니스 바루파키스와 나눈 개인적 대화에서 왔다.

에 등장하는 그 인물)가 처한 상황에 다름 아니다. 이 역설은 〈하퍼 매거진〉에 실린 공개편지에서 선명하게 확인할 수 있다. 이 편지는 정치적 올바름의 과도함에 맞서는 주장을 펼치는데, 두 개의 서로 다른 집단에 속한 사람들이 작성했다. 정치적 올바름이 너무도 과격하다고 느끼는 자유주의자와 그것이 충분히 급진적이지 않다고 보는 진짜 좌파가 그 두 집단이다. 정치적 올바름의 아킬레스는 완전하게 비인종차별적이고 비성차별적인 거북이에 미치지 못하고 영원히 자승자박하는 상태에 머문다. 그가 인종차별과 성차별을 제거했다고 생각하는 바로 그때, 거북이는 조금 더 멀리 전진한다. 그리고 거기에는 무엇이 인종차별적이고 성차별적인 것인지 묘사하는 새롭고, 더 가혹한 기준들이 존재한다. 좌파의 아킬레스는 무언가 다른 일을 한다. (정치적 올바름의 규준에 완전히 맞추기 위해) 거북이에게 다다르려고 애쓰기보다 이러한 규준들이 그 자체로 자본주의 사회에 내재적임을 깨닫고 그것들을 추월해서 사회경제적 변화의 방향으로 더 전진한다.

** 우리 시대에 계급투쟁이 강력하게 귀환했다고 해서 모든 갈등이 계급으로 환원될 수 있다는 얘기는 아니다. 우리의 미디어를 점령하고 있는 다른 거대한 투쟁들이 계급투쟁의 대체된 효과들에 의해 중첩 결정된다는 뜻이다. 클라인과 페티스가 『무역 전쟁은 계급 전쟁이다 *Trade Wars Are Class Wars*』(New Haven: Yale University Press, 2020)에서 설득력 있게 증명했듯, 현재 지속되는 미국과 중국 간의 '무역 전쟁'은 우리가 미국과 중국 내의 계급투쟁을 배경으로 해서 분석할 때만 이해할 수 있다.

새로운 포퓰리즘의 위기

코로나19로 우리가 알았던 세계질서는 해체되고 있다. 나라마다 세계보건기구나 다른 국제조직과 관계를 끊고 예전의 군비협정을 철회한다. 트럼프는 미국 도시의 거리에 군대를 동원하겠다는 의도를 공언했고, 중국은 대만을 군사적으로 침공할 가능성을 논의 중이며, 푸틴은 러시아가 재래식 무기로 공격을 받으면 핵무기를 사용할 수도 있다고 말했다. 같은 맥락에서 민족주의적 포퓰리스트는 코로나바이러스 팬데믹의 기회를 이용하여 자국을 바깥의 적에 맞서는 고립된 영지로 전환할 수 있으리라 본다. 하지만 그런 일은 성공하지 못했고, 그들의 허장성세는 무력함과 무능만을 적나라하게 드러냈을 뿐이다. 앤절러 듀언Angela Dewan이 말한 세 명의 주요 권위적 포퓰리스트를 예로 들어보자. 그녀는 "트럼프와 푸틴과 보우소나루는 자신들의 포퓰리즘 작전 지침으로는 코로나바이러스에 대응할 수 없다는 사실을 알게 되었다"라는 제목의 칼럼에서 다음과 같이 말했다.

> 코로나바이러스 팬데믹은 세계 포퓰리스트 지도자들에게 영광의 순간이 될 수도 있었다. 지금은 공포와 불안이 고조된 시기이고, 공포와 불안이라는 정서는 그들이 번성할 수 있는 전형적인 기반이기 때문이다. 일부 포퓰리스트는 자국을 유린하

는 감염병에 무력했다. 미국과 브라질과 러시아는 현재 세계에서 코로나바이러스 확진자가 가장 많은 나라이고, 사망률은 증가하고 경제는 참담할 만큼 타격을 받고 있다.*

도널드 트럼프는 코로나바이러스 위기가 조지 플로이드 사망에 항의하며 2020년 5월에 시작된 전국적인 시위와 결합하면서 특히 곤경에 빠졌다. "숨을 못 쉬겠다"라는 플로이드의 마지막 말은 또한 코로나바이러스로 죽어가는 사람들의 마지막 말이기도 하다. 연결고리는 명백하다. 흑인은 백인에 비해 훨씬 더 높은 확률로 경찰의 폭력뿐 아니라 코로나바이러스의 희생자가 되는 것이다. 이런 상황은 그저 트럼프의 능력 밖이다. 통합적인 전망을 제시할 수도 없고, 지도력이 절박하게 요구되는 상황에서 지도자로서의 모습을 보일 수도 없으며, 상황의 심각성을 인정하고 어떤 식으로라도 희망과 전망을 제시할 수도 없는 것이다. 로버트 라이히Robert Reich가 지적했듯, "상황을 인지하지 못한 거라면 용서할 수도 있다. 도널드 트럼프가 쏟아붓는 말 폭탄은 그 어느 때보다 요란스럽지만 그는 더 이상 미국의 대통령이 아니다."** 트럼프가 경찰과

---

* "Trump, Putin and Bolsonaro find their populist playbooks are no match for coronavirus", 〈edition.cnn.com〉, 2020년 5월 31일.

주 방위군이 소요를 진정시키지 못한다면 군대를 보내 '제한 없는 무력'으로 시위를 박살내겠다고 위협했을 때, 그는 내전의 주체이자 선동자가 되었다.

하지만 이것은 정확히 무슨 전쟁인가? 미국에서 진행 중인 시위의 면모 가운데 절대적으로 중요한데도 제대로 강조되지 않는 측면이 있다. 바로 정치적으로 올바른 자유주의 좌파와 포퓰리스트 신보수주의가 싸우고 있는 '문화 전쟁'이라는 장에서는 시위를 격화시킨 불만이 설 자리가 없다는 사실이다. 자유주의 좌파가 시위를 대하는 입장은 이러하다. "품위 있는 평화 시위는 좋지만 극단적으로 과도한 파괴 행위와 약탈은 안 된다." 물론 기본적으로야 옳은 말이지만, 그들은 과도한 폭력의 의미를 놓치고 있다. 즉 이 시위는 점진적인 정치 변화라는 평화적 자유주의의 길이 효과가 없다는 사실, 미국에서 체계적인 인종주의가 지속되고 있다는 사실에 대한 반응이었다. 폭력적 시위는 우리의 정치 공간에서 적절히 대표될 수 없는 분노를 표출한다.

수많은 기득권층의 대변자(자유주의자만이 아니라 보수주의자들도)들이 시위대에 대한 트럼프의 태도를 공공연하게 비판하는 것

** 로버트 라이히, 「화재, 질병, 전쟁 중의 나라: 트럼프의 대통령 임기는 끝났다」. Robert Reigh, "Fire, pestilence and a country at war with itself: the Trump presidency is over", 〈theguardian.com〉, 2020년 5월 31일.

또한 그 때문이다. 기득권층은 시위가 자유주의의 영원한 투쟁인 '인종차별주의에 대항한 투쟁'으로 방향을 틀기를 절박하게 바라는 것이다. 그들은 시위가 순식간에 급진화되는 걸 막을 수만 있다면 기꺼이 자신들이 한 일이 충분치 않았다고, 앞으로도 길고 험난한 길이 이어질 것이라고 인정한다. 그들이 두려워하는 것은 폭력성의 심화라기보다는 시위가 자유주의 기득권층의 텃밭에서 완전히 떨어져나가 자율적 정치 운동으로 전환되는 일이다. 매슈 플리스페더가 적었듯, "우리가 배워야 할 것은 포스트휴먼화되는 법이 아니라 공정하게 탈자본주의화하는 법이다."* 포스트휴머니즘이란 궁극적으로는 자본주의 이후를 사고할 수 없는 우리의 무능함을 드러내는 또 다른 면모일 뿐이다. 프레드릭 제머슨의 말을 바꿔 쓰자면, 전 지구적 자본주의를 넘어서는 움직임을 상상하는 것보다 온 인류가 컴퓨터 시스템에 두뇌가 접속되어 디지털로 상호 연결되고 전 지구적 자기인식이라는 경험을 공유하는 것을 상상하기가 더 쉬운 것이다.

폭력적 시위는 우리 자유주의 사회가 억압한 것의 귀환이다. 자유주의적 다문화주의라는 어휘로 정식화될 수 없는 것을 표출하는 증상이다. 사람들은 행동에 나서지 않고 입으로만 떠드는 인간들

---

* 개인적 대화에서 옴.

을 비판하는 일이 많은데, 현재 미국에서 진행되는 시위는 이것이 전도된 형태다. 자신들의 불만을 표현할 딱 맞는 말이 없어서 사람들이 폭력적인 행위에 나선 것이다.

"범죄로 치자면 은행털이가 은행을 처음 세운 일에 비할 바인가!"라는 브레히트의 표현을 바꿔보자면, 직접적인 인종차별주의의 외설이, 인종주의적 편견을 허용하는 식으로 다문화주의적 관용을 실천하는 자유주의자의 외설에 비할 바란 말인가? 아니면 밴 존스Van Johns가 〈CNN〉에 올린 이런 글은 어떤가.

> 우리가 걱정해야 하는 것은 KKK단에 속한 백인 인종차별주의자가 아니라, 센트럴파크에서 강아지 산책을 시키며 바로 지금 당신에게 "아, 내 눈에는 인종이 안 보이는데요. 내게는 인종이 별 게 아니에요. 모든 사람이 똑같이 보이니까. 난 자선사업에 기부도 해요"라고 말하는 힐러리 클린턴 지지자인 백인 자유주의자이다. 그렇지만 그녀는 자신이 존경하지 않는 흑인 남자나 약간이라도 거슬리는 흑인 남자가 보이면 바로 〈아리안 네이션Aryan Nation〉에서 배운 대로 인종을 무기로 휘두를 것이다.*

그런데 존스가 든 예는 사실 그렇게 단순하지만은 않다. 다가

오는 흑인 남성을 보고 백인 여성이 불안감을 느끼고 혹시 날치기를 당할까 봐 핸드백을 꽉 붙든다면, 정치적 올바름의 비평가는 그녀가 인종적 편견에 따라 행동한다고 비난할 것이다. 반면 뉴라이트는 그녀(혹은 그녀가 아는 사람)가 예전에 흑인 남성에게 날치기를 당한 적이 있을 것이고, 따라서 그녀의 두려움은 정당하다고 반박할 것이다. 이 반박에 대해 정치적 올바름의 주창자 쪽에서 흑인 남성이 그런 식의 행위를 하도록 몰아간 사회적 원인을 고려해야 한다고 해봐야 그것으로 충분치는 않다. 그것은 흑인 날치기범에게 면죄부를 주기 위해서 그의 주체성을 없애는 일이기 때문이다. 그는 불운한 상황의 산물이라 자신의 행동에 전적으로 책임을 질 수 없고 따라서 무죄라는 것이다. (그에 반해 백인 인종차별주의자는 전적으로 도덕적 책임을 져야 하고 따라서 가증스럽다.) 억압받는 흑인에게는 서글픈 선택이 아닐 수 없다. (인종차별주의자에 따르면) 주체의 측면에서 결함이 있거나 (정치적으로 올바른 자유주의자에 따르면) 객관적 상황의 산물이거나. 이 교착상태에서 어떻게 벗어날 것인가? 맹목적 분노를 어떻게 새로운 정치 주체로 전환할 수 있을 것인가?

---

* 「백인, 자유주의적 힐러리 클린턴의 지지자들이 KKK보다 우려스럽다」. "CNN's Van Jones says 'white, liberal Hillary Clinton supporter' more worrisome than KKK", 〈foxnews.com〉, 2020년 5월 29일.

이 방향으로 첫걸음을 뗀 것은 바로 일부 경찰이었다. 뉴욕경찰국 서장인 테런스 모너핸Terence Monahan을 비롯한 많은 경찰관이 시위대와 함께 '한쪽 무릎을 꿇었다.' 그것은 2016년 스포츠 시상식에서 국가가 연주되는 중에 미국 선수들이 처음으로 했던 행동이었다. 이 행위는 자국에 인종적 부당함이 존재한다는 사실을 나타내기 위한 것이었다. 그리고 연주되는 국가國歌에 대한 불경 행위이기 때문에 자신이 아직은 이 민족에 완전히 동화될 수 없다는, "이것은 나의 조국이 아니다"라는 뜻이기도 했다. 미국에서 벌어진 이 시위를 홍콩에서 벌어진 일의 복사판으로 여긴 중국 언론매체가 그것을 신이 나서 보도한 것도 놀랄 일은 아니다. 중국 국가와 여타 국가적 상징에 대한 불경 행위를 홍콩이 금지해야 한다는 것이 중국 당국의 주요 요구사항이었으니 말이다.

무릎을 꿇는 행위는 특히 억압적 권력기구를 대표하는 인물이 했을 때 또 다른 의미를 지닌다. 자신을 다소 낮추면서까지 시위대에 존경을 표시한 것이다. 이 의미를 "이 미국(직업상 그 이해관계를 위해 행동하는 것이 나의 일이지만)은 나의 조국이 아니다"라는 기본적인 메시지와 결합해보면 행위의 온전한 의미를 파악할 수 있다. 일반적인/규범적인 반미주의가 아니라 새로운 시작, 다른 미국에 대한 요구인 것이다. 따라서 "미국은 여전히 세계의 도덕적 지도자인가? 이번 주 트럼프가 이런 짓을 하고 난 이후에는 아니다"*라는 최근 〈CNN〉의 주장을 더 분명하게 할 필요가 있다. 자유주의 좌파의 관용이라는 전망을 훨씬 넘어서는 근본적인 윤리적·정치적 혁신이 결핍되었다는 측면에서 미국은 한 번도 도덕적 지도자인 적이 없었다.

그렇다면 어디에서 도덕적 지도력을 찾아야 할까? 격리에 반대하는 시위대와 "흑인의 목숨은 소중하다"는 시위대는 뚜렷하게 대비된다. "흑인의 목숨은 소중하다"는 시위대가 특정한 인종 집단을 향한 폭력에 집중하는 반면, 격리에 반대하는 포퓰리스트는 보편적 자유와 인간의 위엄을 내세운다. (그리고 아마 일부 경찰은 격리 반대 시위대에 공감할 것이다.) 그러나 "격리 반대 시위가 아무리 보편성을 들고 나왔어도 경찰에게 거기 동참하라고 한다면 웃기는 일이겠지만, '흑인의 목숨은 소중하다'는 시위대는 특정한 투쟁처럼 보여도 경찰의 지지(그쪽에서 그렇게 한다면)를 기꺼이 환영한다."** 한마디로, '보편적' 격리 반대 시위는 겉으로 드러나지 않지만 백인 정체성의 편향을 지니는 반면, "흑인의 목숨은 소중하다" 시위는 사실상 보편적인 것이다. 오늘날 진정 보편적인 입장에서 미국의 인종차별주의와 싸우는 유일한 길은, 흑인을 대상으

---

* "Is the US still the world's moral leader? Not after what Trump just did this week", 〈edition.cnn.com〉, 2020년 6월 6일.

** 토드 맥거원과 나눈 개인적 대화

로 한 인종차별주의를 '독특한 보편singular universal'으로, 즉 보편성으로 나아가는 열쇠를 제공하는 특정한 사례로 바라보는 것이다.

나는 이제는 사라진 옛 독일민주공화국의 오래된 농담을 종종 인용한다. 한 동독 노동자가 시베리아에 일을 하러 갔는데, 모든 편지가 검열을 거치는 사실을 알고 친구에게 이렇게 말했다. "암호를 정하세. 내가 보낸 편지가 전부 평소의 파란 잉크로 쓰였으면 진실이고 빨간 잉크로 쓰였으면 거짓이네." 한 달 뒤 친구는 파란 잉크로 쓰인 이런 편지를 받았다. "만사가 환상적이네. 상점마다 물건이 가득하고 먹을 것은 넉넉하고 아파트는 넓고 난방도 잘 된다네. 영화관에서는 서방의 영화도 틀어주는데, 단 하나 구할 수 없는 것이 빨간 잉크라네." 저항 운동이 찾아야 하는 것이 바로 이것이다. 메시지를 온당하게 공식화하기 위해 필요한 '빨간 잉크' 말이다. 뉴어크 시장이자 위대한 흑인 시인 아미리 바라카Amiri Baraka의 아들인 라스 바라카Ras Baraka의 말처럼, 우리는 총으로 싸움에서 이길 수는 없다. 이길 기회를 잡으려면 책을 활용해야 한다.

많은 정통 좌파 비평가들은 현재 벌어지는 팬데믹으로 인해 공산주의적 전망이 열렸다는 나의 생각을 "혁명적 정당 없이 혁명은 없다"는 통상적인 마르크스주의 주장을 들어 일축한다. 혁명적 당이란 곧 스스로 원하는 바를 아는 조직된 힘인데, 오늘날 그런 힘은 어디에서도 찾아볼 수 없다는 것이다. 하지만 그런 비판은 현재 우리가 처한 곤경의 두 가지 독특한 특성을 간과한다. 첫 번째로는 상황 그 자체가 (보건과 경제라는 측면에서) 시장 기제를 유예하고 "각자 필요한 만큼 받고 능력대로 기여한다"는 강령을 따르는 조치를 요구한다는 것이다. 정권을 잡은 보수주의 정치인들조차 보편적 기본소득에 가까운 조치를 시행하지 않을 수 없을 정도로 말이다. 두 번째로는 전 세계에서 일어나는 경제 위기와 생태 위기, 국제 분쟁과 반인종주의 저항 운동이 보건 위기와 결합함으로써 전 지구적 자본주의가 최악의 상황(퍼펙트 스톰)에 가까워지고 있다는 것이다. 이 모든 투쟁의 조합, 모든 투쟁이 서로 내적으로 연결되어 있다는 인식은 어마어마한 해방적 잠재력을 지닌다.

히데오 코지마Hideo Kojima의 전설적인 비디오 게임인 〈메탈 기어 솔리드 4: 애국자의 총〉에 나오는 빅보스가 죽기 전에 하는 최후의 말이 그 어느 때보다 오늘날의 상황에 잘 들어맞는 이유도 여기에 있다. "세계를 바꾸는 문제가 아니야. 세계가 지금 이대로 지속할 수 있도록 최선을 다하는 문제이지."* 현 상황에서는 이 말을 새롭게 살짝 비틀 필요가 있다. 밀림이 불타고, 코로나바이러스가 우리의 일상을 파괴하고, 새로운 부자들이 광범위한 빈곤을 초래하는 상황에서 우리는 세계를 지금처럼 지속시킬 기회를 붙잡기

* 다음 사이트에서 인용. https://www.quotes.net/mquote/1040531

위해서라도 세계를 근본적으로 바꿔야 한다. 아무것도 하지 않는다면 우리의 세계는 곧 그곳에 사는 존재들이 알아볼 수 없을 지경이 될 것이다. 마이크 데이비스Mike Davis는 호주 전역의 초목을 파괴한 화재가 어떻게 일어났는지, 그 역사적 배경을 정확하게 분석하고 있다.

1940년대 후반에 자연과학자들은 폐허가 된 베를린을 실험실 삼아 3년에 걸쳐 끝없이 이어진 폭격 이후 식물의 변천 과정을 연구했다. 그들은 그 지역의 토착 식생(떡갈나무 삼림지대와 관목들)이 곧 다시 자리를 잡으리라 기대했다. 경악스럽게도 상황은 그렇지 않았다. 화를 면한 외래종들, 대부분 독일 토종이 아닌 외래종들이 우세한 종으로 새로 자리를 잡았다. 이렇게 생명 없는 상태가 지속되고 포메라니아 삼림지대의 식물이 다시 정착하지 못하자 '자연 II'를 둘러싼 논쟁이 터져나왔다. 거기서 주장하는 바는 소이탄이 뿜어낸 극도의 열기와 벽돌 구조물의 분쇄로 새로운 유형의 토양이 만들어져서 홍적세 빙상의 빙퇴석에서 진화했던 가죽나무 같은 식물이 대량 서식을 하게 되었다는 것이다. 전면적인 핵전쟁이 발발하면 이러한 현상이 어마어마한 규모로 일어날 수 있다고 그들은 경고했다. 호주 과학자들의 계산에 따르면 2009년 초 빅토리아의 검은 토요일 화재의 여파로 방출된 에너지가 히로시마에 떨어뜨린 핵 폭탄 1,500개에 맞먹는다고 한다. 현재 태평양 연안 주를 폭풍처럼 휩쓰는 화재의 경우 그보다 몇 배는 더 심해서, 그 파괴력은 수소폭탄 몇 백 개의 위력에 비교할 만하다. 화재가 남긴 폐허로부터 엄청나게 불길한 새로운 자연이 한때 우리가 신성하다고 보았던 자연경관을 파괴하며 빠르게 나타나고 있다. 우리의 상상력으로는 이 재앙의 속도와 규모를 거의 가늠하지 못할 것이다.*

우리(인류, 즉 우리의 생산양식)는 단지 '자연을 파괴'하는 것이 아니라, 그 안에 우리의 자리가 존재하지 않을 새로운 자연을 함께 만들어내고 있다. 현재 진행되는 팬데믹이야말로 "엄청나게 불길한 새로운 자연"의 좋은 사례가 아닌가? 따라서 우리는 자연이 살아남을지, 지구상에 자연의 생명체가 살아남을지 너무 걱정할 필요는 없다. 자연은 살아남을 것이다. 단지 우리가 알아보지 못할 정도로 변화할 뿐.

여기서 우리는 현재 다면적인 전 지구적 위기를 겪고 있는 중이

---

* 마이크 데이비스, 「캘리포니아의 묵시론적 '제2의 자연'」. Mike Davis, "California's apocalyptic 'Second Nature'" 〈rosaluxnycblog.wpcomstaging.com〉, 2020년 9월 11일.

니 특정한 차원의 개입으로는 충분하지 않다고, 일종의 근본적인 윤리적 변화, 즉 새로운 전 지구적 윤리가 필요하다고 결론 내리는 덫에 빠지기 쉽다. 그것은 꼭 피해야 한다. 새로운 윤리 같은 것은 위기를 벗어날 간단한 방법을 제공하기 때문에 권력을 쥔 자들은 그런 식의 윤리에 대한 요구를 좋아한다. 위기를 대개 윤리적인 문제로 생각하는 걸 아주 좋아하는 것이다. (2008년에 바티칸이 당시 위기가 자본주의 재정의 위기가 아니라 윤리의 위기라고 얼마나 재빠르게 논평을 했는지 기억해보라.) 현재 요구되는 일은, 우리가 처한 위기의 모든 측면을 분명하게 지각할 능력을 발전시키되 (팬데믹에 맞서 싸워야 하므로 생태적 위기는 등한시할 권리가 있다고 주장하는 사람들처럼) 어느 한 면을 우위에 놓지 않는 것이다. 그리고 그로부터 근본적인 사회변화가 따라 나오도록 하는 것이다. 생각이 행동에 앞서야 한다.

옮긴이 해설

팬데믹을 다시 사유하자

2019년 12월에 시작된 코로나19 팬데믹이 1년 6개월을 지나고 있다. 그동안 많은 것이 바뀌었고, 아직도 이 질병은 진행 중이다. 의료 증상으로 시작된 일이 어느덧 사회 현상이 되었다. 바이러스가 한창 위세를 떨치던 2020년 3월 말, 지젝은 누구보다 발 빠르게 팬데믹에 관한 책을 썼고(『팬데믹 패닉』), 7월 초에 한국어판이 출판되었다. 내가 그 책을 우리말로 번역할 때만 해도 코로나 시국이 1년 넘게 더 지속되리라고 생각하지 못했다. 팬데믹이 두 해를 채우게 될 올해의 끝자락에서 세상이 다시 예전처럼 마스크 없이 사람들을 만나는 일상으로 돌아갈 수 있을지를 두고 여기저기 예상이 엇갈린다. 지난 1월 말, 지젝은 팬데믹 이후 세상의 변화를 성찰하는 두 번째 책을 내놓았다. 첫 책의 인연으로 다시 그의 두 번째 책을 우리말로 된 팬데믹 서적의 목록에 올린다.

첫 책과 마찬가지로 지젝의 관심은 이른바 '포스트코로나'의 정치학이고, 팬데믹 사태에 휘청거리는 자본주의 체제의 너머를 상상하는 데 있다. 방역과 경제가 여전히 길항하고 봉쇄와 해제가 반복되며 어느덧 제 나름의 주기를 만들어내는 현재의 상황에서 모두의 관심은 이 지옥도에서 속히 벗어나는 일일 터이다. 다행스럽게도 백신이 나왔고, 몇몇 나라들은 곧 일상으로의 완전한 복귀를 꿈꾸고 있다. 어쩌면 인류는 곧 바이러스와의 '소리 없는 전쟁'에서 승리를 선언할지도 모르겠다. 새로 쓴 책에서 지젝은 이런 희망이 부질없다고 소리 높인다. 바이러스는 스스로 번식하는 생명체가 아니며, 인간과 전쟁을 벌인 적도 없기 때문이다.

이 글을 쓰기 얼마 전, 나는 지젝이 코로나19 상황에서 가장 비판해마지 않았던 이탈리아 철학자 조르조 아감벤의 팬데믹 관련 에세이를 우리말로 옮긴 책에 짤막한 추천사를 썼다. 조금 망설였으나, 전시 공산주의에 버금하는 국가의 역할을 강조한 사람에 맞서 인류에게는 목숨보다 중요한 사회적 자유가 있다고 외친 인물의 생각을 겹쳐 읽고 나니, 아무리 혼란한 세상이라도 다른 관점을 호소하는 목소리는 있어야 마땅하다는 느낌이 들었다. 팬데믹의 정치학이 예외적인가에 대해서는 지금도 의문이지만 아감벤의 주장에도 일리가 없지는 않았다. 감염자가 늘고 방역이 거세어질수록 마스크 없는 자유로운 삶에 대한 기억은 희망을 넘어 당위가 되어버렸기 때문이다.

첫 책에서 지젝은 팬데믹에 맞선 국가의 노력과 함께 국가를 넘어선 새로운 전 지구적 연대의 필요를 역설했다. 나는 이것을 '급진적 보편주의 정치학'이라고 불렀고, 두 번째 책에서도 그는 변함이 없다. 지젝이 급진적인 까닭은 아감벤과 달리 팬데믹이 앞으로 인류가 마주하게 될 더 큰 재앙(기후 위기)의 예고편이라고 본 브뤼노 라투르Bruno Latour의 진단과 생각을 같이 하기 때문이다. 지젝이 팬데믹을 '의료 위기'에 맞선 방역의 문제나 바이러스와의 전쟁으로 치부하는 생각에 유달리 질타를 퍼붓는 이유도 거기에 있다. 돌아갈 '일상'은 애초부터 없었고, 환상이 만들어낸 그 '일상'이 바로 지금의 '비상사태'를 초래한 '일탈'이었다. 삶의 모든 것이 달라졌지만 우리 곁에는 전과 다름없이 목숨을 걸고 노동하는 존재들이 엄연하다. 보이지 않는 그들의 삶이 나아지지 않는 한, 목숨보다 더 소중한 자유는 없을 터이다.

현재 진행 중인 팬데믹의 2차, 3차 국면에서 지젝이 특히 주목하는 현상은 인종차별주의와 포퓰리즘이라는 사회적 바이러스의 창궐이고, 이에 대응하는 자유주의와 좌파의 정치적 무능력이다. 팬데믹이 방역과 경제의 갈등, 일상성과 비상사태의 대립 이전에 정치의 문제라고 본다는 점에서 그는 철저히 보편성의 사상가이고 역사적 유물론자이다. 팬데믹이 진행되는 동안 발원지 중국은 봉쇄를 풀고 세계에서 가장 '안전한' 나라가 되었으며, 대비 없이 충격을 맞았던 트럼프의 미국은 정권이 바뀌어 안정을 찾아가고 있다. 라틴 아메리카는 여전히 고전하고 있지만 아시아의 상황은 호전 중이고, 백신 접종이 시작된 유럽은 감염자 숫자가 여전하지만 전과 같은 전면 봉쇄로 돌아가지는 않고 있다. 국가의 역할과 통치력이 방역의 일차적 성공을 좌우한다고 본 지젝의 진단이 맞아떨어지고 있다.

하지만 지젝의 급진적 보편주의 정치학은 이 진단에서 한 걸음 더 나아간다. 전 지구가 네트워크로 연결된 지금, 한 나라의 성공적 방역이 곧 모두의 삶의 안전으로 이어지지 않는다는 것이다. 백신 민족주의가 횡행한다면 방역에 뒤처진 나라를 통해 바이러스는 새롭게 변이하여 코로나21, 코로나22로 돌아올 터이다. 그런 측면에서 지젝이 뜻하는 정치는 국가를 다스리고 관리하는 통치가 아니라 팬데믹으로 노골화된 구조적 차별과 착취의 체제를 바꾸는 일이다. 그가 주장하는 전시 공산주의는 바이러스에 맞선 인류의 전쟁이 아니라 인간 중심의 착취 체제에 맞선 인류 공통의 싸움이다. 모든 것이 달라진 듯 보이지만 결코 달라지지 않은 차별의 시스템을 바꾸는 작업이다.

물론 보편주의 입장에 선다고 해서 팬데믹의 봉쇄에 맞서 사회적 자유를 수호하는 나날의 정치적 투쟁들이 의미 없지는 않다. '흑인의 목숨은 소중하다'와 '아시아인을 향한 혐오를 멈춰라'라는 외침이 보여주듯, 현재의 상황에서 모든 사람들의 보편적 인권을 향한 정치학은 구체적 인종차별의 사례로 발현한다. 마찬가지로, 공동체를 위해 마스크를 쓰자는 목소리와 개인의 자유를 위해 마스크를 거부한다는 반발은 겉보기와 달리 동전의 양면일 수 있다. 타인과 함께하지 못하는 자유가 무의미하듯 자유롭지 못한 개인들의 공동체는 통치의 대상일 뿐이기 때문이다. 그렇기 때문에 '사회적 거리두기'는 방역의 통제수단에 그치지 않는다. 공동체의 삶을 누리기 위해 필요한 최소한의 관계 영역을 확보하는 일이기도 하다.

때로 지젝의 급진성은 상상을 뛰어넘는 놀라운 주장으로 나타나기도 한다. 독일 철학자 피히테를 거론하며 나치즘을 상기시키는 '국민 총동원' 체제를 제시하는 발상은 아슬아슬하게 들리기까지 한다. 중국의 권위주의 통치와 전체주의를 신랄하게 공격했고 트럼프의 포퓰리즘에 담긴 폭정의 논리를 비판했던 그가 아니던가. 팬데믹에 맞선 국가의 체계적 대응을 주문하는 요구를 넘어 비상사태의 일상화를 꾀하는 주권자의 논리가 담겨 있을 가능성을 의식하지 않을 수 없다. 아감벤이 우려하는 지점이 바로 여기에 있다.

그러나 이 책에 분명하게 드러나듯, 지젝의 '총동원' 운운은 팬데믹을 틈타 더욱 공고해지는 시장과 자본의 논리에 맞선 우리의 정치적 지향을 뜻한다. 팬데믹은 자본주의를 먹고산다. 아니 자본주의는 팬데믹과 같은 주기적 비상사태로 연명하는 체제다. 자본주의가 지속되기 위해서는 패닉에 빠지고 정신적 공황으로 고통받는 사람들이 끊임없이 생겨나고, 이들이 체제의 작동을 '알고 싶어 하지 않는 의지'를 갖게 만들어야 한다. 사람들이 일상으로의 복귀라는 불가능한 희망을 계속 품는 이유는 팬데믹과 같은 끔찍한 꿈속에 계속 머무느니 차라리 비참한 '현실'로 깨어나고 싶어 하기 때문이다. 지젝은 묻는다. 우리가 악몽 같은 팬데믹으로부터 깨어나 되찾으려는 '일상'이 차별과 착취가 온존하는 끔찍한 현실이라면 어쩔 것인가?

따라서 지젝이 말하는 '총동원'의 정치는 팬데믹에 관한 우리의 '사유,' 아니 자본주의 현실에 관한 '재사유'를 요청한다. 인종, 성, 계급에 따라 적과 친구를 나누고, 과학의 이름으로 바이러스와 의료전쟁을 펼치며, 빈자들의 끝없는 희생과 난민을 양산하는 낯익은 체제의 논리를 혁파하는 일이다. 타인과 나의 안전을 위해 마스크를 쓰고 거리를 두되, 조금도 달라지지 않은 차별과 착취의 현실에 맞서 결연하게 연대하는 정치가 필요하다. 이는 제한된 자유와 방역의 안전을 흥정하는 문제가 아니다. 팬데믹에도 불구하고 전혀 달라지지 않은 현실을 진짜로 달라지게 만들 총체적 싸움을 사유하고 실천하는 일이다. 이를 위해 지금 당장 해야 할 일은 인간의 얼굴을 한 포퓰리즘과 음모론에 맞서고 낯익은 인종차별의 이데올로기에 저항하는 작업이다. 정치적 올바름의 논리와 손쉬운 자책에 안주하기보다 알려는 의지로 팬데믹을 사유하고 노래하는 일이다. 팬데믹에 맞서 결코 달라지지 않을 우리의 정치를 지속하는 일이다.

어쩌면 초대받지 않은 손님으로 도래해서 주인 행세를 하는 바이러스와의 동거는 끝나지 않을지 모른다. 올해도, 내년에도, 그리고 그후로도, 백신 없이는 살 수 없는 세상에 드디어 도착한 것일지 모른다. 정말로 지금의 위기는 우리가 맞게 될 더 큰 재앙의 총연습에 불과할 수도 있다. 잃어버린 시간의 연대기를 써야 할 때는 바로 지금이다. 모쪼록 이 책에 담긴 지젝의 발칙한 사유가 우리가 지금의 난관을 지혜롭게 헤쳐가는 길에 도움이 되었으면 한다. "우리는 사회적 삶 전체의 새로운 형태를 발명해야 한다."

이 책을 옮기는 동안 여러 신세를 졌다. 아픈 심신에도 늘 번거로운 요구에 흔쾌히 답해준 지젝에게 진한 우정을 느낀다. 책의 얼개를 바꾸고 새로운 글을 보탤 수 있게 해주어서 우리말 번역이 더 풍성해졌다. 북하우스 편집부에, 특히 거친 원고를 매만지고 다듬

어준 신원제 씨에게 감사한다. 그리고 팬데믹의 시국에도 변함없이 일중독에 빠진 한 불쌍한 영혼을 변함없이 다독여준 가족들에게 고마움을 전한다.

다적재에서

강우성

잃어버린 시간의 연대기

1판 1쇄 2021년 7월 9일
1판 2쇄 2021년 7월 23일

지은이 슬라보예 지젝
옮긴이 강우성
펴낸이 김정순
편집 신원제 허영수
디자인 김진영
마케팅 이보민 양혜림 이다영

펴낸곳 (주)북하우스 퍼블리셔스
출판등록 1997년 9월 23일 제406-2003-055호
주소 04043 서울시 마포구 양화로 12길 16-9(서교동 북앤빌딩)
전자우편 editor@bookhouse.co.kr
홈페이지 www.bookhouse.co.kr
전화번호 02-3144-3123
팩스 02-3144-3121

ISBN 979-11-6405-130-4 03330